SABORES DE ROMA

ACTAS DEL I SIMPOSIO INTERNACIONAL SOBRE GASTRONOMÍA ANTIGUA ROMANA

MEDINA DE LAS TORRES (BADAJOZ)

9-10 DE MAYO DE 2014

JAS ARQUEOLOGÍA EDITORIAL

Todos los derechos reservados. El contenido de esta obra está protegido por Ley. Queda totalmente prohibida cualquier forma de reproducción de la misma, sin consentimiento expreso del editor. Si necesita fotocopiar o escanear algún fragmento de esta obra diríjase al Editor www.jasarqueologia.es

Primera Edición, marzo de 2015

© De la edición:
JAS Arqueología S.L.U.
Plaza de Mondariz, 6
28029 - Madrid
www.jasarqueologia.es
Editor: Jaime Almansa Sánchez

© Del texto:
Los Autores

Imágenes de cubierta: Aníbal González-Arintero

ISBN: 978-84-942110-6-5 (papel) / 978-84-942110-7-2 (electrónica)

Depósito Legal: M-4025-2015

Imprime: Service Point
www.servicepoint.es

Impreso y hecho en España - Printed and made in Spain

ÍNDICE

Introducción: Sabores de Roma
Pedro A. Carretero Poblete — 1

1. *Las prácticas económicas y comerciales en la cultura castreña durante los siglos II-I a.C.*
Fernándo Gil González — 9

2. *El almacén comercial tardorrepublicano del Cerro de la Atalaya de La Higuera en Jaén.*
Vicente Barba Colmenero, Alberto Fernández Ordoñez y Manuel Jesús Torres Soria — 23

3. *La estela de Apicio: formas de representación de la comida romana en la historiografía y la historia de la cocina europea.*
Fernando Notario Pacheco — 37

4. *Aproximación a la producción de aceite y vino en Caesarobriga (Talavera de la Reina, Toledo).*
Alberto Moraleda Olivares y Sergio de la Llave Muñoz — 61

5. *El simple zumo de uva, el vina, el vina dulcia, vina cocta, fieles testigos de vida.*
Gema Vallejo Pérez — 77

6. *Experimentación en el tratado de bellotas para su uso alimentario. Recreación de una pequeña factoría celtíbero-romana.*
Juan Carlos Batanero Nieto — 91

7. *Gastroarqueología del Gijón romano: hipótesis sobre la dieta alimenticia de sus habitantes a través de las fuentes arqueológicas y documentales.*
Aitor Martínez Valdajos — 109

8. *El consumo de aves en la Roma de Augusto.*
Santiago Montero Herrero — 127

INTRODUCCIÓN: SABORES DE ROMA

Pedro A. Carretero Poblete[1]

A inicios del año 2013, en ERA Cultura Extremadura comenzamos las investigaciones del recetario gastronómico de Apicio con la idea de reproducir algunos de los platos que aparecen descritos en la obra del este autor romano del siglo I d.C. Esta idea surgió cuando tuvimos constancia de las investigaciones que se estaban llevando a cabo por parte de dos miembros del Departamento de Química Orgánica de la Universidad de Cádiz, el equipo formado por el profesor de ingeniería química Víctor Palacios y el investigador del mismo departamento Álvaro Rodríguez (García et al. 2014).

En sus investigaciones, el equipo de trabajo formado, entre otros, por Álvaro Rodríguez y Víctor Palacios, habían logrado reproducir, tras obtener unas muestras de Pompeya (García Vargas et al. 2014), lo que definen como "la más parecida salsa de pescado de tipo *liquamen*". Aunque la escasez de citas bibliográficas sobre los diferentes tipos de salsa de pescado hacen que el experimento sea arriesgado (Marcial y Julio Africano en el siglo III d.C, Rufo Festo en el siglo IV d.C., o el conocido como Manuscrito Latino 11219 de la abadía de Echternach del siglo IX y el Tratado bizantino de *Los Geoponica* del siglo X) decidimos confiar en el producto obtenido por los científicos de la Universidad de Cádiz, dado que era el referente más cercano a lo que pudo ser la salsa.

El problema principal radicaba en que no hay textos de la época que señalen, no ya los tipos de pescado y partes de los mismos, sino las partes de sal y las especias utilizadas para hacer cualquier tipo de garum comercializado en la época.

---

[1] Director del Simposio Sabores de Roma. Universidad Politécnica Salesiana (Ecuador). pcarretero@ups.edu.ec / pedro@eraextremadura.es

Gracias a la ayuda de Álvaro Rodríguez, en Mayo de 2013 llegó hasta nosotros las primeras pruebas de *flor de garum* fabricadas en los laboratorios de la Universidad de Cádiz. Como arqueólogos e historiadores, lo primero que hicimos fue probar el producto. Personalmente nos recordaba mucho al único referente moderno conocido, la salsa de pescado vietnamita denominada *nuoc mam* o la tailandesa *nam pla*, las que, como se puede ver en numerosos estudios y documentales, se confecciona de una manera bastante similar a como se debió confeccionar el garum en el Mediterráneo. La similitud de sabor se observa quizá porque estas salsas orientales conocidas están realizadas casi exclusivamente con boquerones (anchoas), al igual que las primeras experimentaciones realizadas en la Universidad de Cádiz. Aunque, como señalamos, para nosotros no era un sabor desconocido, sí que nos impactó mucho la textura y el gusto en el paladar.

Una vez con el *flor de garum* en nuestras manos, procedimos a revisar la bibliografía referente al tratado gastronómico de Apicio: De Re Coquinaria. Además de trabajar con las versiones existentes de Apicio en latín y castellano, examinamos otras obras conocidas como las de A. Villegas (2011), C. Gasset (2004), o J. André (1961), entre otros muchos trabajos, de cara a, una vez con el producto más difícil de conseguir del recetario (*flor de garum*) proceder a la investigación experimental más cercana al original narrado.

Sin perder mucho más tiempo nos pusimos a investigar los primeros platos seleccionados junto con Andrés Molí, cocinero profesional y amigo, dueño en ese año del restaurante Nómada, situado en la Plaza Chica de Zafra (Badajoz). Así fue como, tras conseguir las especias que aparecían recogidas en el texto de Apicio (salvo la ruda, que en la actualidad tiene restricciones para uso alimenticio en España), seleccionamos platos como: champiñones con garum (Apicio, VII, XII 5), judías verdes y garbanzos al vino tinto (V, VIII 2) pollo al modo de Partia (VI, VIII, 2), dorada asada a la menta (X, II, 15), pato con nabos (VI, II, 3) y dátiles con nueces y miel (VII, XI). En casi todas las recetas el elemento clave no era otro que el garum (salvo en el postre), como sucede en la mayoría del recetario el autor romano.

[Fig. 1] Champiñones al garum

Los buenos resultados (sobre todo en cuanto a sabor) de las primeras pruebas y el estar, posiblemente, ante una de las primeras veces en que se realizaron platos de Apicio con todos los ingredientes mencionados por su autor, nos llevaron a querer compartir los resultados con el resto del público, entendido o no en la materia. Pretendíamos hacer una socialización, en toda regla, del recetario del autor romano con la participación del mayor número de personas posible. Como no podía ser de otra forma lanzamos lo que denominamos las I Jornadas Gastronómicas Romanas en Zafra (sede de ERA Cultura Extremadura), que se celebraron en una sola fecha, el 22 de Junio de 2013, mediante el formato de menú degustación.

La jornada gastronómica no pasó desapercibida, la prueba es que nos pidieron replicarlas, en formato individuales para 500 personas, dos veces más en las jornadas romanas celebradas en Contributa Iulia (Medina de las Torres, Badajoz) en los meses de julio y agosto del mismo año, a la que asistieron unas 700 y 500 personas respectivamente; y en otra jornada celebrada en Regina (Casa de Reina, Badajoz) con la asistencia de la Consejera de Cultura de la Junta de Extremadura, Trinidad Nogales.

[Fig. 2] Cartel anunciador de las I Jornadas Gastronómicas Romanas de Zafra, utilizando *flor de garum*.

El éxito de estas primeras jornadas y el deseo de realizar nuevas pruebas con *flor de garum* en otros platos de Apicio fue sin duda lo que nos empujó, a finales de 2013, a preparar un simposio, no muy cargado de conferencias, sobre gastronomía romana, como excusa para realizar nuevas investigaciones culinarias con *flor de garum* y rodeado de un poso científico junto con nuevas investigaciones al respecto.

Así surgió el I Simposio Internacional sobre gastronomía Romana: Sabores de Roma, que se celebró los días 9 y 10 de Mayo en Medina de las Torres (Badajoz). El simposio se realizó por nuestras ganas de investigación y necesidad de aportar al conocimiento científico, para lo que contamos con ponentes como Álvaro Rodríguez, uno de los descubridores de la nueva salsa de pescado y un elenco de jóvenes investigadores, que mostraron sus investigaciones recientes sobre los hábitos culinarios romanos.

El simposio era la excusa perfecta para experimentar nuevos platos del recetario de Apicio, así que una vez que A. Rodríguez nos volvió a proporcionar la salsa *flor de garum* (que aún no se estaba comercializando) procedimos a realizar los nuevos platos juntos con el cocinero del conocido restaurante El Dropo, también de Zafra. En esta ocasión optamos por hacer arqueología experimental con platos como boquerones con garum (IV, II, 10), champiñones al garum (plato que repetimos por el excelente resultado y lo bien que casa esta salsa con los champiñones), albóndigas de almejas (II, I, 6), atún con salsa de garum (X, II, 10), pollo con gachas y vino (V, I, 2) y de postre leche frita (VII, XI, 3).

Fruto de la celebración del Simposio Sabores de Roma surge este libro, que no pretende otra cosa que recoger las investigaciones de jóvenes investigadores y mostrar nuevos trabajos relacionados con la gastronomía romana. Unos estudios que han sido completados por las excelentes investigaciones introductorias de Santiago Montero, sobre el consumo de aves en la Roma del emperador Augusto, y Fernando Notario en cuanto a la importancia y el impacto de la cocina romana desde la caída del Imperio hasta la modernidad. Por tanto, hay que agradecer a los autores el esfuerzo que han hecho para conformar esta útil obra.

Esperamos y deseamos que, el libro que tiene en sus manos, satisfaga tanto al investigador como al lector ávido de nuevos datos sobre la cocina y los alimentos mediterráneos que han marcado nuestro paladar hasta nuestros días.

En Cuenca (Ecuador) a 21 de Marzo de 2015

[Fig. 3] Atún con salsa de garum

BIBLIOGRAFÍA

APICIO (1985) La cocina en la antigua Roma. Madrid. Anaya.

BLANC, N. Y NERCESSIAN, A. (1994): La cuisine romaine antique.Paris, Glénat.

CURTIS, R. I. (1991): Garum and Salsamenta. Production and Commerce in Materia Medica. Leiden, Brill.

ÉTIENNE, R. Y MAYET, F. (2002): Salaisons et sauces de poisson hispaniques. París, Diffusion E. de Boccard.

GARCÍA VARGAS et al. (2014): *Confectio gari pompeiani. Procedimiento experimental para la elaboración de salsas de pescado romanas.* SPAL 23: 65-82.

GARGILIUS MARCIALIS Confectio liquaminis quod omogarum vocant, Cod. Sang. 752 y 899. http://www.ecodices.unifr.ch/en/csg/0752/130/medium, http://www.e-codices.unifr.ch/en/csg/0899/139/medium (consulta 10 de Marzo de 2015).

GASSET, C. Ed. (2004): El Arte de Comer en Roma. Mérida, Fundación de Estudios Romanos.

GRIMAL, P. Y MONOD, T. (1952): *Sur la veritable nature du garum.* Revue des Études Anciennnes 54: 26-38.

JARDIN, C. (1961): *Garum et sauces de poisson de l'antiquité.* Rivista di Studi Liguri XXVII(1-4): 70-96.

STERNBERG, M. (2007): *Salaisons et sauces de poisson. Production et produits*, en Sternberg, M. (ed.), Garum et pissalat. De la pêche à la table. Mémoire d´une tradition: 25-39. Antibes, Musée Archéologique.

VILLEGAS A. (2001): Gastronomía Romana y Dieta Mediterránea. El recetario de Apicio. Córdoba, Universidad de Córdoba.

LAS PRÁCTICAS ECONÓMICAS Y COMERCIALES EN LA CULTURA CASTREÑA DURANTE LOS SIGLOS II-I A.C.

Fernando Gil González[1]

INTRODUCCIÓN

El título de esta comunicación, "Las prácticas económicas y comerciales en la cultura castreña durante los siglos II-I a.C" corresponde con uno de los capítulos del Trabajo Dirigido que defendí en el año 2010 en el Departamento de Historia Antigua de la Universidad Complutense de Madrid.

En la ponencia se analiza el fluido intercambio comercial y cultural realizado entre los galaicos o castreños y los pueblos aledaños durante la dominación romana. Asimismo se indicarán diversas prácticas gastronómicas de los habitantes castreños y la variación de sus gustos culinarios inducidos por los conquistadores.

También se estudiarán los distintos alimentos de origen vegetal hallados tras los análisis palinológicos realizados en los castros así como los estudios óseos en algunos yacimientos arqueológicos relacionados con la cultura castreña que permiten sugerir una alimentación basada en una dieta cárnica y calórica.

Como colofón, se resaltarán algunos de los productos consumidos por los nuevos pobladores; instrumentales de cocina y variadas tipologías alimentarias apreciadas por los paladares de las élites romano-castreñas afincadas en el noroeste peninsular (Suárez, 2011, pp. 155-156).

---

[1] Doctorando del Departamento de Historia del Derecho y las Instituciones, UNED. fernando_gilgonzalez@hotmail.es

CUESTIONES PREVIAS

Antes de iniciar el análisis histórico, se deben plantear algunas cuestiones que permitirán resolver los vacíos existentes para reflexionar y comprender los entresijos de la estructura económica y comercial de la cultura castreña durante los siglos II-I a.C.

- ¿Cómo se desarrolla el comercio castreño tras el contacto con Roma?
- ¿Cuáles son los productos más vendidos?
- ¿Cuáles son propósitos romanos para comercializar con el Extremo Occidente?

FUENTES ARQUEOLÓGICAS Y LITERARIAS

Para el estudio propuesto, es necesario el uso de fuentes clásicas a pesar de que analizan, desde una perspectiva banal, las prácticas comerciales y gastronómicas de los pueblos relacionados con la cultura castreña y por último, se mencionarán las fuentes historiográficas que permitirán comprender mejor los acontecimientos históricos citados en la presente comunicación.

Estrabón es el autor más conocido de los que escriben en lengua latina sin haber llegado a estar en la zona Noroeste de la Península Ibérica, correspondiente a la provincia romana de la *Gallaecia*. Este literato romano escribe acerca de las costumbres y vivencias de los pueblos castreños en su Libro III de Geografía (*Str.* 3, 3, 7).

Otro autor clásico es Apiano de Alejandría que escribe su *Historia Romana*. La obra se divide en varios capítulos, Macedonia, Italia, Galia, Hispania y en éste último, titulado *Sobre Iberia*, el escritor y funcionario imperial analiza las características culturales y costumbres de los pueblos establecidos en el Noroeste peninsular (*App, Iber*, 72).

Por último, es importante citar a Gayo Plinio Segundo o Plinio "El Viejo", quien realiza el *Censo de Gallaecia* en el que se analiza la distribución geográfica de los distintos tipos pueblos galaicos: lancienses, aunacos, bedunieses, etc. (*N.H.*, 3, 3,28).

Aparte de las fuentes clásicas existen otras como las arqueológicas que hacen alusión a la información paleobotánica, el registro fósil y la representación de los ajuares cerámicos encontrados en los castros y yacimientos arqueológicos en los que se pueden reconocer, por el material excavado, algunos elementos gastronómicos (semillas) relacionados con las prácticas comerciales y económicas del Noroeste peninsular en su contacto con Roma. Asimismo, se han hallado, en las excavaciones arqueológicas algunos recipientes cerámicos y vítreos relacionados con la cocina castreña que sirven para comprender mejor la economía castreña en este periodo (Bermejo, 1986, pp. 231-232).

Como conclusión, dichas fuentes ofrecen un análisis superfluo y poco clarificador, por la opacidad de las mismas, de los estudios de la Galicia romana durante los siglos II-I. a.C., haciéndose necesario el uso de las fuentes historiográficas que intentan esclarecer los vacíos históricos y arqueológicos relacionados con el tema propuesto (Santos, 1984, pp. 43-45).

TRANSACCIONES COMERCIALES EN LOS CASTROS GALACIOS TRAS LA DOMINACIÓN ROMANA

El comercio castreño es muy variado, como bien se atestigua en los yacimientos arqueológicos, y está basado en las transacciones mercantiles tardo-púnicas o turdetanas (askoi), ibéricas (pastas vítreas) e itálicas (ánforas) provenientes de fuertes contactos comerciales con el Mar Mediterráneo como por ejemplo los *kalathoi* procedentes de Cataluña. Además, tras la ocupación romana de la *Gallaecia*, se han hallado algunas piezas cerámicas importadas que han sido comercializadas, bidireccionalmente entre los castros de Santa Tecla o Briteiros y los del exterior (Arias, 1984, pp. 15-34).

La campaña de Cayo Julio César se inicia en el año el 61 a.C., momento en el que la *Res-publica* atisba las costas del golfo Ártabro en las que según las fuentes clásicas, los indígenas castreños se impresionaron y asustaron ante la masiva llegada de barcos mercantes y militares romanos (Martínez, 2001, p. 297). Tras la conquista de

Brigantium por el dictador romano, éste afianzó las vías marítimas de la ruta del estaño tras los estrechos contactos comerciales con las *Cassiterides* (Inglaterra) que son analizados por el autor latino Estrabón (*Str.*, 3, 3 ,5). Aparte de la ruta estaño, Cayo Julio César y Marco Licinio Craso controlaron otras rutas metalíferas con las que obtuvieron pingües beneficios (Martínez, 2001, pp. 297-316).

Para facilitar las actividades económicas, los asentamientos castreños debían construirse en las márgenes de las Rías como se aprecia en los castros de Baroña, Neixón o Montealegre en los que se han hallado vertederos denominados *concheiros,* que justifican una economía que podría estar basada en el consumo de pescados y mariscos aunque también se han hallado algunos restos faunísticos y vegetales propios de una dieta más diversificada.

En resumen, las transacciones comerciales castreñas se pueden considerar divididas en tres periodos significativos: una primera fase establecida entre los siglos V-II a.C, monopolizada por la comercialización de cerámicas púnicas y pastas vítreas entre el Estrecho y el Océano Atlántico; una segunda fase entre el 150-50 a.C. marcada por la comercialización de ánforas itálicas y púnicas y una tercera fase, entre el 49 a.C y 25 d.C. en la que se aprecia un claro comercio romano (González Ruibal et. al., 2007, pp. 50-51).

[Fig. 1] Castro de Baroña (Porto do Son, A Coruña). Fotografía: http://playascalas.com.

LA VAJILLA CULINARIA CASTREÑA

En lo que respecta a los recipientes de cocina, se han encontrado ollas, tazas o morteros en los castros de A Lanzada (Galicia) o Briteiros, Santa Luzia o Sanfins, en el norte de Portugal cuya única función era de ser utilizados para cocinar. Además, los hallazgos resaltan la presencia de distintos recipientes cerámicos como numismáticos en el castro de Castelo de Laias (Ourense) que sugieren nuevas prácticas alimentarias, culinarias y comerciales de los pobladores castreños (Rodríguez, 2000, pp. 335-336).

[Fig. 2] Reconstrucción de una jarra cerámica del castro de Toralla (Coruxo, Pontevedra). Fotografía: www.muvicc.es

Asimismo se pueden apreciar distintos intercambios entre Roma y los castros galaico-portugueses provocando así, un fuerte contacto con el elemento indígena, anteriormente inexistente. En algunos castros asturianos como Chao de San Martín se han hallado algunos recipientes cerámicos empleados para las prácticas culinarias "en caliente", reconocidas por la acumulación de restos de carbonización en algunos hornos. Además se conocen algunas prácticas culinarias "en frío" que no han atestiguado un destacado ajuar cerámico. Entre las piezas de la vajilla culinaria castreña se pueden resaltar: Platos o fuentes con engobe rojo para los procesos culinarios "en caliente", cazuelas de fondo plano, ollas, orzas, tapaderas etc. empleadas para cocer o guarecer los alimentos (Hevia, 2001, pp. 28-32).

La vajilla castreña es muy variada pero no demasiado prominente ya que no se han localizado demasiados restos cerámicos en los yacimientos arqueológicos al tratarse de materiales perecederos en la sociedad castreña que cayeron en desuso tras la implantación de la cultura romana. Algunos de los instrumentos culinarios empleados en la cocina castreña-romana están confeccionados con madera y estaban destinados al servicio de los productos que han sido cocinados, al igual que su construcción con determinados metales, bronce, cobre o hierro (Hevia, 2001, pp. 33-37).

DE LA COCINA A LA MESA: LA ALIMENTACIÓN CASTREÑA EN LOS SIGLOS II-I A.C.

Con la dominación romana, en el mundo castreño, aparecen nuevos métodos de cocinado y cambios en las prácticas de consumo de alimentos como por ejemplo en la modificación de los hábitos castreños diarios. Por ello, es conveniente resaltar que la cerámica de importación permite estas variaciones en la dieta de los habitantes castreños ofreciendo así una dieta más equilibrada equiparada a la mediterránea. Aun así, perduran algunos productos de la cocina castreña como las bellotas, las almendras, el trigo, el mijo (Vázquez Varela, 1995, pp. 67-73), las habas, las castañas etc. que son cocinadas por determinadas técnicas y procesos siguiendo unas pautas comunes propias del elemento cultural dominante (González Santana, 2011, p.159).

LA ALIMENTACIÓN Y DIETA CASTREÑA

La dieta del mundo castreño era contrapuesta a lo que denominamos como dieta civilizada como se indica en la Geografía de Estrabón (3, 3, 7). Aun así, lo que se desconoce es si ésta es una dieta real o imaginaria, dada la opacidad de las fuentes literarias de los pueblos del Noroeste peninsular. Por ello, se considera el uso de otras fuentes más precisas como la Paleontología, la Arqueología, la Iconografía, la Antropología biológica y algunas de las fuentes literarias que aluden al territorio septentrional de la Península Ibérica.

[**Fig. 3**] Piezas de cerámica halladas en el Castro de Elviña (A Coruña). Fotografía: Museo Arqueológico de Elviña.

ALIMENTOS DE ORIGEN VEGETAL

Estrabón esgrime, en su Libro III de Geografía, que los norteños consumían un gran número de bellotas que después de secas y trituradas eran molidas para la confección del pan de gran duración, análogo al pan de Cea que se consume en la actualidad. La cita de Estrabón es certera ya que los estudios arqueológicos han distinguido algunas semillas de cereales carbonizadas de la especie *Quercus* repartidas por los basureros de algunos yacimientos y castros. Además se han localizado en los hornos de cocción de los castros, algunas semillas de trigo y mijo que han servido para la confección de panes como la materia prima del consumo entre los habitantes del noroeste peninsular. Otro producto importante, las habas que se han utilizado en distintas formas culinarias como puré o pan.

Además se cultivaban guisantes que según el profesor A.C. Renfrew se podían consumir con las sopas o caldos (Bermejo, 1986, p. 232).

El vino es un bien escaso aunque es citado en los testimonios de Estrabón ya que arqueológicamente se han localizado restos de vides en el sur de la *Gallaecia*, en las actuales provincias de Pontevedra y Orense. En los castros, aparte de vino, se consume agua fresca procedente de las montañas como bebida habitual de las gentes del Noroeste en los siglos II-I a.C. Esta teoría permite comprender que el agua procedente de las escasas alineaciones montañosas del interior de Galicia como una fuente vital para los habitantes de los castros galaicos (Vázquez Varela, 1983, pp. 392-398).

En conclusión, en la Galicia castreña durante la dominación romana se percibe una economía bastante sencilla fundamentada por algunos productos como el pan de bellota, mijo, trigo, centeno y *faba equina* según afirman los análisis palinológicos registrados en los yacimientos arqueológicos como en el castro de Borneiro (Parcero *et. al.*, 2009, p. 372).

ALIMENTOS DE ORIGEN ANIMAL

Los habitantes castreños, según los escritos de Estrabón, consumían carne de macho cabrío. Esto también se aprecia en algunos datos analizados por Plinio "El Viejo" (*NH*, 7, 166) y Silio Itálico (16, 334-335) que afirman el consumo de carne de caballo (aunque no hay pruebas concluyentes) con alguna malformación. Aunque más bien, los equinos eran utilizados para el transporte de personas o para el desarrollo de distintos espectáculos circenses. Por último, en las muestras paleontológicas relacionadas con animales domésticos, se han localizado restos de ganado vacuno, ovino, caprino y porcino con los que pueden obtener algunos productos como la leche o derivados, mantequilla, quesos etc... (Bermejo, 1986, p. 131).

También de estos animales se obtienen otros productos como la carne o el troceado de la diáfisis de los huesos largos de los bóvidos o de algunas piezas óseas que eran utilizadas con fines culinarios durante la dominación romana. Además se pueden resaltar restos de jabalí y ciervo como parte de la dieta calórica castreña. Por último, se pueden destacar los *concheiros* localizados en los castros próximos a la línea costera entre los que destacan peces como la maragota, la dorada, merluza, jurel, lubina y pargo (Rodríguez, 2000, p. 345. Asimismo existen algunas prácticas extendidas basadas en el consumo y masticado de algunas espinas de la cabeza al igual que el consumo de algunas especies de mariscos: moluscos como bígaros, navajas, berberechos, equinodermos etc. que son capturados en las rocas y cocidos al fuego para su posterior consumo (González Gómez, 2011, pp. 213-226).

[Fig. 4] Reconstrucción de una olla castreña del Castro de Viladonga (Castro del Rey, Lugo). Fotografía: Museo Arqueológico del Castro de Viladonga.

Como colofón, se defiende que las prácticas alimentarias castreñas varían con la dominación romana adaptándose a los usos alimentarios republicanos e imperiales que son controlados por las élites romanas establecidas en los *castella*, como unión de las estructuras castreñas.

DISTINTAS FORMAS Y MODOS DE COMER

La forma alimentaria de los castreños a partir de los siglos II-I a.c.es muy significativa ya que difiere del modo romano. Si se siguen los escritos de Estrabón, los habitantes montañeses comían sentados en bancos corridos alineados según sus edades y dignidades. Los alimentos circulaban de mano a mano mientras beben y danzan algunos hombres al ritmo de la música de trompetas y flautas. En los festines o ceremoniales se solían consumir vino aunque no en las prácticas alimentarias diarias (Suárez, 2004, pp. 155-172). Asimismo el reparto de los alimentos se realizaba siguiendo las costumbres ancestrales del status y la edad como sistema de jerarquización. En conclusión, los modos alimenticios de los pobladores castreños son muy variados incidiendo en la multiplicidad de productos y costumbres, localizadas en las líneas del texto de Estrabón:

> *Todos los habitantes de la montaña son sobrios: no beben sino agua, duermen en el suelo, y llevan cabellos largos al modo femenino, aunque para combatir se ciñen la frente con una banda. Comen principalmente carne de cabrón.*

> *En las tres cuartas partes del año los montañeses no se nutren sino de bellotas, que, secas y trituradas, se muelen para hacer pan, el cual puede guardarse durante mucho tiempo. Beben "zýthos", y el vino, que escasea, cuando lo obtienen se consume en seguida en los grandes festines familiares. En lugar de aceite usan manteca al igual que los celtas del norte de Europa.*

> *Comen sentados sobre bancos construidos alrededor de las paredes, alineándose en ellos según sus edades y dignidades; los alimentos se hacen circular de mano en mano; mientras beben, danzan los hombres al son de flautas y trompetas, saltando en alto y cayendo en genuflexión. Usan de vasos labrados en madera,*

como los keltoí. Antes de la expedición de Broútos, no tenían más que barcas de cuero para navegar por los estuarios y lagunas del país; pero hoy usan ya bajeles hechos de un tronco de árbol, aunque su uso aún es raro. Su sal es purpúrea, pero se hace blanca al molerla. Así viven estos montañeses, que, como dije, son los que habitan en el lado septentrional de Iberia; es decir, los kallaikoí, ástoures y kántabroi, hasta los ouáskones y el Pyréne, todos los cuales tienen el mismo modo de vivir" (Str. 3,3,7).

[Fig. 5] Concheiro del Castro de A Lanzada (Pontevedra). Fotografía: Manuel Gago.

CONCLUSIONES

En primer lugar se defiende que la alimentación castreña es variada y está basada en un amplio abanico de recursos alimenticios relacionado con la explotación de biotopos terrestres y marinos, recolección de frutos silvestres, agricultura y ganadería que son prácticas económicas establecidas en los distintos yacimientos arqueológicos castreños. Ello permite que se aúnen los productos castreños con los de la tríada mediterránea, consolidando así una dieta más equilibrada para los pobladores del noroeste peninsular.

La distinción alimentaria entre los castros del interior y los costeros está condicionada por el tiempo, el espacio y la forma de conseguir los distintos recursos naturales. Ello permite defender que en los yacimientos del interior de la *Gallaecia*, existe una alimentación basada en aportes nutricionales cárnicos y vegetarianos mientras que en los castros costeros se encuentra una dieta rica en pescados y maricos.

La consolidación de una vajilla estándar para las prácticas culinarias castreñas durante los siglos II-I a.c. junto a la importación de una vajilla tardo-republicana e imperial. Esto permite una evolución en el instrumental culinario y la innovación de una cocina más elaborada con nuevos platos degustados por diferentes paladares.

Como colofón, se debe resaltar las importantes transacciones mercantiles con los distintos pueblos peninsulares, extranjeros etc. con los que se comercian distintos productos, promoviendo así un flujo económico en los territorios de *Gallaecia* (Parcero *et. al.*, 2009, pp. 368-369).

BIBLIOGRAFÍA

ARIAS VILAS, F., "La Cultura Castrexa en Galicia", *Memorias de Historia Antigua*, (Ejemplar dedicado a Población y Poblamiento en el norte de la Península Ibérica), nº 6,1984, pp. 15-34.

BERMEJO BARRERA, J.C., Mitología y mitos en la Hispania Prerromana II, Editorial Akal, Madrid, 1986, pp. 182.

GONZÁLEZ GÓMEZ DE AGÜERO, E., "Pesca y marisqueo en la Ría de Arousa (Galicia) durante la cultura castreña", Actas de la II Jornadas de Jóvenes Investigadores Arqueológica (Madrid, 6,7 y 8 de Mayo del 2009), JIA, 09, vol. 1, 2011, pp. 295-302.

GONZÁLEZ RUIBAL, A., RODRÍGUEZ MARTÍNEZ R., ABOAL FERNÁNDEZ, R. Y CASTRO HIERRO, V., "Comercio Mediterráneo en el Castro de Montealegre (Pontevedra, Galicia). Siglo II a.C. – inicios del s. I d.C., *Archivo Español de Arqueología*, vol. 80, 2007, pp. 43-74.

GONZÁLEZ SANTANA, M., Relaciones de poder en las comunidades protohistóricas del Noroeste peninsular. Espacios sociales, prácticas cotidianas e identidades de género (Tesis Doctoral inédita), Ed. Universidad de Oviedo, Oviedo, 2011, pp. 263.

HEVIA GONZÁLEZ, S, BENÉITEZ GONZÁLEZ, C Y MONTES LÓPEZ, R., "La cerámica común romana del Chao de San Martín", *Revista de Arqueología*, Año 22, nº 247, pp. 28-37.

MARTÍNEZ MERA, J., "Expedicións militares a Gallaecia na época republicana", *Gallaecia*, nº 20, 2001, pp. 297-316.

PARCERO OUBIÑA, C. Y AYÁN, X., "Almacenamiento, unidades domésticas y comunidades en el Noroeste prerromano", en García Huerta, R. y Rodríguez González, D. (Eds.), Sistemas de almacenamiento entre los pueblos prerromanos peninsulares, Universidad Castilla La Mancha, España, Toledo, 2009, pp. 368-422.

RODRÍGUEZ LÓPEZ, C Y VÁZQUEZ VARELA, J. M., "El aprovechamiento de los recursos marinos en la prehistoria y antigüedad de Galicia", *Boletín do Museo Provincial de Lugo*, nº 9, 1999-2000, pp. 335-366.

SANTOS YANGUAS, N., "La Arqueología castreña y el sector económico agropecuario", *Memorias de Historia Antigua*, nº 6, 1984, pp.43-66.

SUÁREZ PIÑEIRO A. Mª, "Sentados á mesa dun galaico-romano: Dieta, Alimentación e Hábitos Culinarios na Galicia Romana", *Gallaecia*, nº 23, 2004, pp. 155-172.

VÁZQUEZ VARELA, J.M., "El Cultivo del mijo (*Panicum Miliceum*, L.), en la Cultura Castreña del Noroeste de la Península Ibérica", *Cuadernos de Estudios Gallegos*, nº 106, 1994-1995, pp. 65-73.

VÁZQUEZ VARELA, J.M., "La alimentación y la cocina en la cultura castreña de Galicia", *Revista Studia Zamorensia*, nº 4, 1983, pp. 392-398.

FUENTES CLÁSICAS

APIANO, Guerras Ibéricas y Aníbal. Introducción, Traducción y Notas de J. Gómez Espelosín, Alianza Editorial. Clásicos de Grecia y Roma, Madrid, 2010, pp. 647.

ESTRABÓN, Geografía. Libros III-IV. Introducción, Traducción y Notas de Mª.J. Meana y F. Piñero. Biblioteca Clásica Gredos, Madrid, 1998, pp. 220.

PLINIO "El Viejo", Historia Natural. Libros III-XI, Editorial Gredos, Madrid, 2006, pp. 646.

SILIO ITÁLICO, Púnica. Libro XVI. Traducción inglesa de J.D. Duff, Harvard University Press, Cambridge, (Massachusetts, U.S.A.), 1983, pp. 507.

EL ALMACÉN COMERCIAL TARDORREPUBLICANO DEL CERRO DE LA ATALAYA DE LAHIGUERA EN JAÉN: NUEVAS APORTACIONES SOBRE EL COMERCIO ROMANO EN LA ALTA ANDALUCÍA

Vicente Barba Colmenero[1]
Alberto Fernández Ordóñez[1]
Manuel Jesús Torres Soria[1]

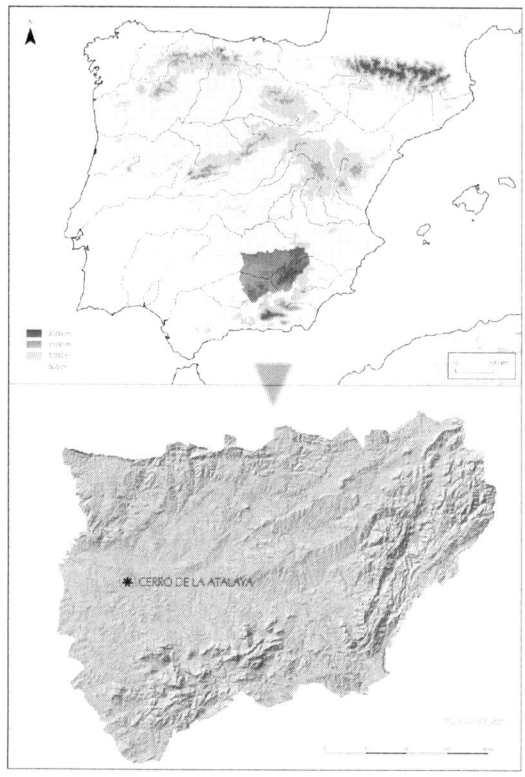

[Fig. 1] Ubicación del Cerro de la Atalaya.

1 Arq13 Estudio de Arqueología, S.L. www.arq13.net

APROXIMACIÓN AL YACIMIENTO

En el valle Alto del río Guadalquivir en la localidad de Lahiguera, se localiza el Cerro de la Atalaya, en un pequeño montículo rodeado actualmente por olivos. Nuestras investigaciones en este lugar se han realizado durante los años 2007, 2008 y 2013 como consecuencia de la construcción de un depósito regulador de agua que abasteciera al municipio (campañas de 2007 y 2008) y la mejora de la red de agua del sistema general de la campiña jiennense (campaña arqueológica de 2013).

En el año 2007 comenzamos nuestras investigaciones arqueológicas motivadas por la edificación de un nuevo depósito de agua, y dada la aparición de numerosos restos y estructuras se vio la necesidad de ampliar la excavación arqueológica y de este modo en el año 2008 se procedió a una nueva intervención (Informe Definitivo *"Intervención Arqueológica Preventiva en el Cerro de la Atalaya (Lahiguera)",* Archivo de la Delegación Territorial de Educación, Cultura y Deporte. Junio 2008).

La última fase de estudios arqueológicos realizados en el cerro corresponden al año 2013, en el que se realizó un control arqueológico desde la ladera oeste hasta la cima del cerro, así como una nueva intervención arqueológica próxima a los depósitos de agua. Por tanto, podemos indicar que la superficie total excavada durante estas campañas ha sido de 583 m², por lo que prácticamente hemos investigado la totalidad del yacimiento. También se ha realizado una prospección sistemática del entorno inmediato, abarcando un radio de unos 4 kilómetros y una microprospección superficial del cerro y sus laderas.

Las diferentes intervenciones arqueológicas realizadas nos han llevado a definir tres momentos de ocupación. El primero de ellos se corresponde con la etapa del **Bronce final**, del que se han documentado algunas estructuras excavadas en la base geológica correspondientes a silos de almacenaje, cabañas y dos fosos de carácter defensivo. La segunda fase documentada se corresponde con la etapa **Ibérica antigua**, abarcando una cronología que iría desde el siglo VII a.C.

hasta mediados del siglo VI a.C. De esta fase se ha documentado una estructura excavada en la base geológica que proyecta una dirección norte-sur y que hemos interpretado como un canal de conducción de agua asociado con toda seguridad a la puesta en cultivo de la ladera sur del cerro durante esta etapa. Sin embargo, es la tercera fase de ocupación la que mayor importancia tiene, ya que se ha localizado un conjunto de tres edificios fechados en época **Tardorrepublicana,** en la primera mitad del siglo I a.C.

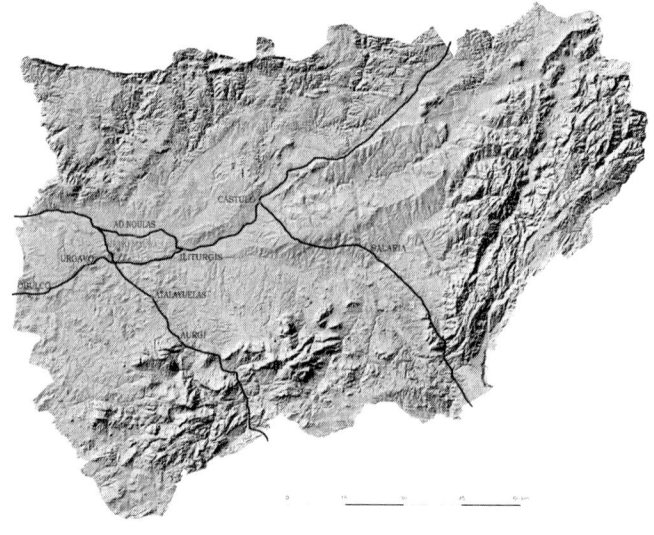

[Fig. 2] Principales vías de comunicación de época republicana en la Alta Andalucía.

El yacimiento presenta una ubicación privilegiada, a escasos 5 km del río Guadalquivir y junto a las principales vías de comunicación y nudos comerciales que discurrían por la Alta Andalucía: la vía *Augusta* y la vía *Heraclea*, a través de las cuales el tránsito de mercancías fue constante durante la etapa republicana. El río Guadalquivir, sin duda, debió de convertirse en nuestra región en una vía de comunicación rápida desde época muy temprana, reavivada tras la conquista romana y durante la etapa tardorrepublicana. Fue también la vía principal de salida para los productos generados en la campiña jiennense, sobre todo el cereal que sería recogido como pago del tributo a Roma.

Como podemos observar en el plano, encontramos tres accesos directos desde el cerro de la Atalaya a las principales vías comerciales que discurren por nuestra región:

A. El primero de ellos desemboca en la *vía Augusta* cerca de *Ad Noulas* (Villanueva de la Reina). Esta vía pasaría por el puente romano llamado de "El Gato", que salva el arroyo que tiene el mismo nombre. La vía parte de la Atalaya siguiendo el trazado de la actual JV-2302, en dirección a Villanueva de la Reina, uniéndose a la vía principal en la zona conocida como las Terreras. Esta ruta tiene una distancia de 5 millas (unos 8 km. aproximadamente). Es significativo localizar junto al puente el yacimiento denominado Los Artesones, que tendría una cronología Altoimperial y vendría a confirmar la pervivencia de la ruta.

B. La ruta que creemos que tuvo mayor importancia comercial es la que discurre por la *vía Heraclea* o *Augusta* en su vertiente *Calpurniana- Iliturgi*. Esta vía saldría de la Atalaya hacia el este tomando dirección hacia la zona conocida como *Haza Ramas*, para desviarse hacia el sureste cogiendo el camino conocido de Lahiguera a Montejo, para unirse a la Vereda Real de Ganaderos (identificada como una vertiente de la *vía Heráclea*) en las cercanías *del Cortijo de La Golosilla*. A lo largo del recorrido de la misma, observamos restos de asentamientos romanos tanto en el Cerro del Horcajo y en las inmediaciones del propio Cortijo de La Golosilla, con una distancia total desde nuestro yacimiento de unas 3 millas aproximadamente.

C. Por último, podemos hablar de una tercera vía que existiría entre el Cerro de la Atalaya y la vía que uniría el puente romano de Andújar con *Aurgi* pasando por *Atalayuelas* de Fuerte del Rey. Es significativo la localización del puente romano sobre el río Salaillo, que se localiza muy próximo a nuestro yacimiento y que vendría a confirmar la importancia de este ramal. El puente se encuentra paralelo a la actual carretera comarcal que une ambas ciudades (Andújar y Jaén). Cuenta con una estructura simple con sillares de arenisca silícea colocados a soga, con un solo ojo de arco rebajado de 10 m. de luz, y con unas dimensiones de 16,30 m. de largo por 6,80 m. de ancho. Cronológicamente puede adscribirse a la etapa republicana, ya que su tipología arquitectónica es propia de otros puentes de similares características (VV.AA., 1985).

EL ALMACÉN COMERCIAL TARDORREPUBLICANO

Se han documentado tres edificios de época tardorrepublicana. El primero de ellos destaca por ser el de mayor dimensión con 210m^2 y lo hemos definido como un almacén comercial que está distribuido en seis estancias: tres de ellas precedidas por un pórtico y situadas en la zona oeste, y otras tres situadas en la zona oriental cuyo pavimento está realizado con grandes losas de piedra, a diferencia de las anteriores donde aprovechan la base geológica con tierra apisonada. En la zona occidental, junto a un gran porche, se guardan las mercancías elaboradas o directamente destinadas a los diferentes mercados, en cambio la zona oriental o parte trasera del almacén parece estar relacionada con diversas áreas de actividad, donde se localizan hornos, hogares, bancos de trabajo, etc., y lugares donde se almacenan productos semielaborados o en proceso de preparación: cocimientos, salsas, conservas, etc. El porche exterior es el lugar principal al que llegaban los comerciantes y donde seguramente se recepcionaban todos los productos, siendo la parte más pública de las instalaciones. Los tratos y los diversos acuerdos comerciales transcurrirían en este lugar. Algunos espacios concretos nos han revelado un trato desigual hacia ciertos productos, como por ejemplo en el caso de los materiales importados, que son almacenados en espacios concretos (Barba y otros, en prensa).

El segundo de los edificios se localiza en el extremo sureste del complejo y se corresponde con una construcción alargada de 47,50 m² estando precedida por un pequeño pórtico sustentado por pilares de madera. Junto al mismo se ha encontrado un gran horno circular de 1,20 m. de diámetro así como numerosos bancos de molienda y molinos de mano. El análisis de los materiales recuperados en estas áreas de actividad y el estudio carpológico nos ha llevado a identificar esta zona como un lugar de granero y de producción.

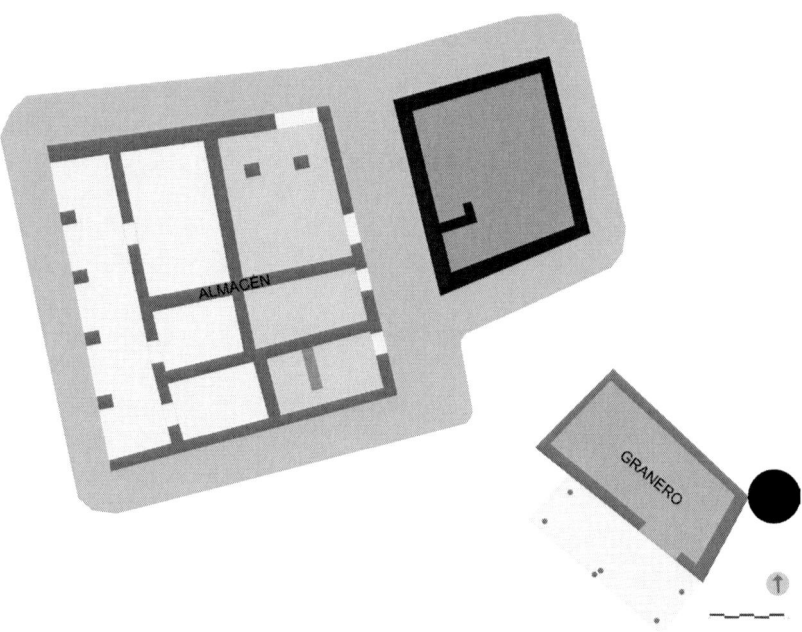

[Fig. 3] Planta de los edificios documentados.

Del análisis carpológico realizado en el yacimiento se desprenden varios datos que queremos destacar: en primer lugar sabemos que la especie más numerosa localizada es el trigo común duro, el cual llega hasta el Cerro de la Atalaya limpio, cribado y no asociado a ningún tipo de mala hierba, lo cual nos indica que no se cultiva en el entorno inmediato al yacimiento y que ha sido seleccionado y cuidadosamente limpiado. La segunda especie destacada es la *olea*, siendo significativa la aparición de huesos de aceitunas completos de dos variedades diferentes. Sabemos que el Cerro de la Atalaya no se asocia a trabajos extractivos de aceite, ya que no se han localizado áreas que presenten indicios de dicha actividad; por tanto, el hecho de localizar huesos completos de distintas variedades de aceitunas, nos sugiere que éstas debieron de llegar en salmuera hasta nuestro territorio, seguramente envasadas en algún tipo de ánfora. De igual forma es significativo la localización de dos especies distintas de aceitunas, una de ellas (hueso pequeño redondeado) se estandarizará por toda la Alta Andalucía y principalmente en la Bética a partir del cambio de era, convirtiéndose en el cultivo estrella; en cambio, la otra variedad que se atestigua en el Cerro de la Atalaya (aceituna con hueso grande y alargado) no ha sido localizada por el momento en ningún otro contexto arqueológico en la Alta Andalucía, lo que podría estar indicándonos que se trata de una variedad importada.

La zona exterior que se configura entre el almacén y la nave de producción, es un espacio también destacado, libre de estructuras pero con diversas zonas en las que se han atestiguado actividades relacionadas igualmente con la molienda del cereal.

El último edificio documentado se encuentra ubicado al este del almacén, pero tan sólo se pudo documentar una pequeña parte del mismo, con lo que nos ha sido imposible adscribirle una funcionalidad concreta aunque nos inclinamos a pensar que se correspondería con zona destinada al hábitat por los materiales localizados en su interior.

Tanto la actividad del almacén como la zona de producción presentan un único momento de ocupación hasta producirse su abandono total como consecuencia de un acontecimiento bélico. Debido a la coyuntura excepcional de abandono contamos con un amplio conjunto de materiales que en la mayor parte de los casos quedaron colocados *in situ* en las distintas dependencias. Gracias a que se ha realizado una excavación en extensión y un análisis espacial, hemos podido mostrar plantas completas de distribución de materiales, documentándose los distintos conjuntos en espacios concretos que nos devuelven una visión novedosa de cómo se guardaban las mercancías provenientes de los intercambios comerciales. De hecho, es significativo observar como ciertos productos foráneos se guardan en dependencias muy determinadas sin mezclarse con otros materiales, seguramente atendiendo a la logística de los mercados.

Todas estas estructuras no están adscritas a ningún poblado, a ningún *oppidum* previo, *villa* o algún tipo de construcción de hábitat conocido. Tampoco se corresponde con una *turris* o recinto, ya que no hemos encontrado ninguna fortificación ni indicios de que pudiera tenerla; tan solo, como hemos dicho, un gran edificio o almacén rodeado de diversas estructuras. Por tanto, estamos ante un nuevo tipo de emplazamiento en el territorio que fechamos en la primera mitad del siglo I a.C., sin que tengamos paralelos conocidos por el momento, y que se caracteriza por presentar una organización arquitectónica de diferentes edificios en torno a diversos espacios abiertos destinados a los intercambios comerciales.

[Fig. 4] Reconstrucción virtual de las estructuras de época tardorrepublicana.

EL COMERCIO REPUBLICANO EN TIERRAS DEL ALTO GUADALQUIVIR

El Cerro de la Atalaya marcará un punto de inflexión en el comercio tardorrepublicano, y su conexión con diversas zonas del Mediterráneo, convierten a este lugar en un enclave destacado. Del estudio de los materiales cerámicos se desprende que son diversos los focos desde donde se llevaron a cabo las diversas transacciones comerciales. La Península Itálica se postula como el principal mercado importador de mercancías hacia la Alta Andalucía, con un 45% del total de los materiales localizados, principalmente vino, aunque destacan de igual forma otros lugares mediterráneos como la Isla de Ibiza (13% de los materiales) y Sicilia (2% de los materiales). Hay que destacar la importancia que seguirán teniendo los productos procedentes de las áreas púnicas (10%) relacionados con productos de lujo o de cierto prestigio, como las salsas de pescado y los ungüentos balsámicos.

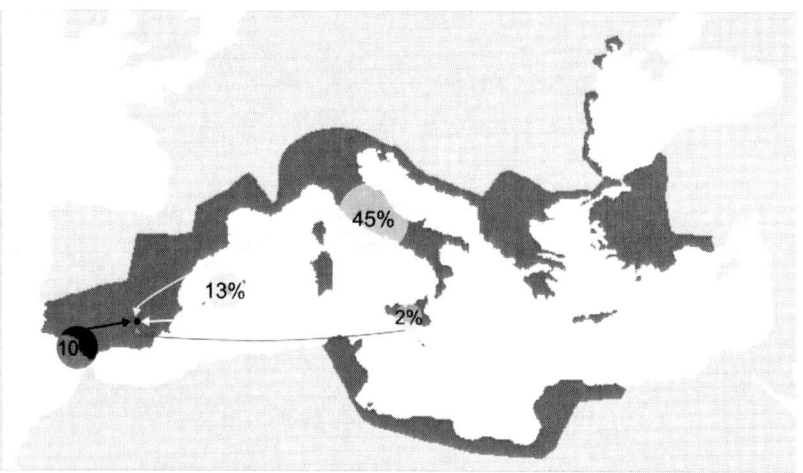

[Fig. 5] Plano con las distintas procedencias de los productos.

Los principales consumidores de los productos importados que se almacenaban en el Cerro de la Atalaya debieron ser las poblaciones itálicas desplazadas a la Alta Andalucía: *mercatores, negotiatores, publicani* y fundamentalmente militares. Se ha apuntado que el establecimiento permanente de tropas romanas fue un factor determinante para el gran impulso a las exportaciones de vinos itálicos (Molina, 1997). Sin embargo, es importante el comportamiento de la población indígena hacia estos productos exógenos, que podemos intuir en cierta medida por la distribución de algunos materiales en yacimientos de nuestra región. De esta forma, vemos como son muy escasas la ánforas Dressel-1 en los yacimientos de nuestra región. Lo mismo ocurre si observamos la distribución de cerámicas campanienses, que escasamente se localizan y solamente encontramos algunos ejemplares en yacimientos de cierto rango como Cástulo y Obulco.

Por tanto, intuimos que gran parte de las mercancías importadas que se almacenaban en el Cerro de la Atalaya estaban destinadas principalmente a la población itálica desplazada durante la primera mitad del siglo I a.c. en tierras del Alto Guadalquivir, y quizás en menor medida a las élites locales.

EL CERRO DE LA ATALAYA, UN ENCLAVE LOGÍSTICO DE ÉPOCA REPUBLICANA

Parece evidente que Roma, y así se ha apuntado, durante la etapa republicana, en nuestra región estaba dispuesta a dejar a las aristocracias locales una cierta libertad para seguir desarrollando sus propios sistemas de relaciones socio-económicas; aunque, evidenciamos que en el entorno del Cerro de La Atalaya se produce un despoblamiento generalizado en el que incluso los grandes *oppida* cercanos desaparecerán a partir de la etapa final ibérica, como por ejemplo el Cerro de Villargordo (Ruiz y Molinos, 2007). Hacia el siglo II a.C. se inicia el declive de los territorios políticos clientelares, mermados por el poder que empieza a ejercer Roma sobre los príncipes ibéricos, aunque algunas ciudades continuaron su expansión económica como lo demuestra el desarrollo de la monetarización en Cástulo, Iltiraka e Ipolca.

La expansión territorial romana hacia finales del siglo II a.C. se había consolidado con la creación de nuevas formas de explotación agrícola y minera, lo que propició la creación de unidades de producción e infraestructuras de distribución de mercancías ubicadas en lugares estratégicos, junto a importantes nudos de comunicación. Seguramente, en un primer momento y en la mayor parte de los casos, los romanos aprovecharían las infraestructuras existentes en las ciudades más relevantes, pero en otros casos debieron construir *ex novo* instalaciones y centros logísticos donde llevar a cabo los servicios y las transacciones comerciales, así como lugares receptores de las mercancías derivadas del pago de las diversas obligaciones fiscales a las que se vieron sometidos los pueblos conquistados.

De esta forma, pensamos que el Cerro de la Atalaya se configura como un enclave logístico comercial. Por el momento, no tenemos paralelos similares, aunque este tipo de infraestructuras suponemos que debieron ser frecuentes en puntos territoriales estratégicos. Probablemente, este tipo de instalaciones son difíciles de detectar a nivel arqueológico, debido a que la mayor parte de estas debieron adaptarse a estructuras preexistentes o tener una mayor continuidad en el tiempo, siendo difícil su interpretación arqueológica en conjunto. El Cerro de la Atalaya presenta una inusual coyuntura de abandono, siendo un lugar excepcional, habiéndose excavado prácticamente al completo el yacimiento y presentándonos una planta de ocupación tardorrepublicana única, en la que hemos podido interpretar los diferentes espacios.

El centro logístico comercial de la Atalaya se construye en un momento indeterminado a principios del siglo I a.C., sobre una colina que estaba muy próxima a las principales rutas comerciales y caminos de tránsito hacia las ciudades más importantes del Alto Guadalquivir. En un lugar en el que no había ocupación previa, ni tan siquiera en las cercanías se detectan asentamientos tardoibéricos, siendo una zona desocupada o tierra de nadie. Sobre el lugar no se llegó a construir un poblado, tan solo en la cumbre del cerro y en la ladera sur se realizó una pequeña explanación y se instaló una amplia zona de almacenaje como hemos visto, un área de producción y posiblemente un área administrativa y receptora de mercancías.

A groso modo, hemos podido reconstruir el proceso que se resume en la recepción del cereal (trigo principalmente), el cual llega limpio y es almacenado en sacos apilados sobre el pavimento de grandes losas del edificio alargado de producción y granero. Antes de la molienda, el grano sería previamente tostado en el horno ubicado en la parte trasera de las instalaciones, lo cual facilitaría de esta forma su molturación. En el porche del granero se han localizado hasta cuatro puntos de trabajo asociados a bancos y molinos de vaivén. La harina resultante sería envasada en las ánforas que hemos identificado como Pellicer-D Alta Andalucía (AF-3) son la forma más numerosa localizada en nuestra intervención, con un total de veinte recipientes identificados. El análisis de sus pastas nos indican que son de fabricación regional. Se trata de un tipo de ánfora cilíndrica de grandes dimensiones en la que el borde es la prolongación del hombro del recipiente con una pequeña pestaña y engrosamiento hacia el interior, aunque se han diferenciado hasta cuatro subtipos. Presentan una capacidad aproximada de 90 kg de harina por recipiente.

El final del yacimiento queda atestiguado por un cese repentino de la producción y el abandono brusco de las instalaciones hacia la mitad del siglo I a.C. La abundancia y diversidad de materiales localizados en el interior de las habitaciones, la evidencia de zonas que han sido quemadas, sin que con posterioridad se reocupara el lugar, nos sugiere un acontecimiento bélico para el final del Cerro de la Atalaya. La ausencia total de ciertos materiales, como por ejemplo la cerámica *sigillata* y las *tegulae*, evidencia que este hecho no debió ocurrir mas allá de mediados del siglo I a.c., momento en el cual se producen las primeras importaciones de estos materiales como por ejemplo la *sigillata itálica* que empieza a expandirse en los mercados occidentales a partir del año 45 a.C. (Beltrán, 1990).

Las fuentes escritas y las evidencias arqueológicas (ocultamientos de tesorillos y las destrucciones de minas) en la primera mitad del siglo I a.C., reflejan una inestabilidad generalizada en toda la región. Quizás, como se ha apuntado en numerosas ocasiones, ello es debido a la ruptura que se produce en estos momentos del monopolio ejercido por las élites romanas que se instalan en las provincias y que ejercían sus negocios sin control del estado romano, y en muchos casos provocarían serias revueltas y conflictos entre los conquistadores y la población indígena.

En conclusión, podemos decir que la instalación de Cerro de la Atalaya a principios del siglo I a.C. en el límite de las dos provincias romanas, a medio camino entre las dos ciudades más importantes de la Alta Andalucía (Cástulo y Obulco), y junto las principales rutas comerciales y el río Guadalquivir, responde sin duda a una nueva forma de dominación y explotación de Roma hacia las particulares condiciones a las que se verá sometido el valle Alto del Guadalquivir en la República tardía. Para entonces, se habían puesto en marcha todos los mecanismos necesarios hacia la completa romanización. Las dinámicas comerciales, junto a la nueva organización del territorio y el establecimiento de un sistema de tributación a los indígenas, formaban parte del gran engranaje coercitivo de los nuevos monopolios y sociedades comerciales que se imponen. La instalación de la Atalaya vendrá a fortalecer la función principal del Guadalquivir como poderosa herramienta de control administrativo y unificación política (Chic, 1997); y en definitiva, este complejo comercial aporta nuevos elementos y enfoques acerca de los procesos de romanización del Alto Guadalquivir y las diversas transformaciones socioeconómicas a las que se verán destinadas las comunidades indígenas.

BIBLIOGRAFÍA

BARBA, V.; FERNÁNDEZ, A. Y TORRES, M. J. (en prensa) "La cerámica Gris Bruñida Republicana, imitaciones y nuevas formas documentadas en la Alta Andalucía en el almacén comercial del cerro de la Atalaya de Lahiguera (Jaén)." En *Actas del II Congreso Internacional da SECAH-EX OFFICINA HISPANA. Las producciones cerámicas de imitación en Hispania.* Braga del 3 al 6 de abril de 2013.

BELTRÁN LLORIS, M. (1990) *Guía de la cerámica romana*, Zaragoza.

CHIC GARCÍA, G. (1997) *Historia económica de la Bética en la época de Augusto.* Sevilla.

MOLINA VIDAL, J. (1997) *La dinámica comercial romana entre Italia e Hispania Citerior.* Universidad de Alicante.

RUIZ, A. Y MOLINOS, M. (2007) *Íberos en Jaén.* Universidad de Jaén. Jaén.

VV.AA. (1985) *Inventario de los puentes de Andalucía. Provincia de Jaén.* Delegación de Obras Públicas de la Junta de Andalucía. Sevilla.

TRAS LA ESTELA DE APICIO: FORMAS DE REPRESENTACIÓN DE LA COMIDA ROMANA EN LA HISTORIOGRAFÍA Y LA HISTORIA DE LA COCINA EUROPEA

Fernando Notario Pacheco[1]

INTRODUCCIÓN

Pocos estudiosos pueden dudar de la fuerza que tienen las narraciones audiovisuales a la hora de crear, reforzar o canalizar determinadas imágenes relacionadas con el mundo antiguo entre el público general. Cuando se habla de la cocina y la gastronomía romana, posiblemente sean dos las imágenes que vengan a la mente de cualquiera que posea un mínimo interés por el cine. Por un lado se trata de un fragmento de la película de 1969 *Fellini Satyricon*, donde el director Federico Fellini ponía en escena la delirante cena de Trimalción que Petronio narraba en su conocida obra. Las montañas de comida servidas en medio de la fiesta del liberto se muestran con una morbosa complacencia que es muy capaz de acabar con el apetito de los espectadores. La segunda imagen procede de una película mucho más ligera. Rodada diez años más tarde, *Monty Python´s Life of Brian* ofrece una visión particular sobre algunos de los fundamentos de la cultura romana y su legado en la cultura europea estructurada en "sketches" de gran fuerza cómica. En una memorable escena, el protagonista de la historia, vendedor de chucherías, anuncia el contenido de su bandeja: lenguas de alondra, hígado de chorlito, sesos de jabalí, orejas de jaguar, pezones de loba, morros de nutria... Esta comida, llamada despectivamente "aperitivos imperialistas", nos ofrecen una imagen de lo que para los Monty Python serían las preferencias gastronómicas de los romanos.

En realidad, en estas películas se juega con la complicidad de las perspectivas populares acerca de la naturaleza de la comida y la gastronomía romana. A pocos investigadores de la historia de la cocina

[1] Université Paris-Sorbonne – Laboratoire d´excellence RESMED

les resultará sorprendente la afirmación de que la comida romana tiene, en general, una fama muy desafortunada entre el público. A la presunción general que hace de los romanos comedores de pescado podrido (a través de una profunda deformación de la esencia culinaria del *garum* y el *liquamen*), se une una intensa convicción de la extrañeza de sus gustos culinarios, al menos desde la perspectiva de la llamada "cocina mediterránea" actual. Pese a la insistencia de los investigadores contemporáneos, que no han escatimado esfuerzos en presentar estudios sobre la cocina romana en los que pretenden desenmascarar muchos de los mitos que la rodean, la visión popular sobre esta tradición culinaria sigue siendo cuanto menos ambigua (Faas, 2003; Grainger, 2006; Grant, 2008; Dalby y Grainger, 2012).

Para comprender la mala imagen que tiene la cocina romana en la cultura contemporánea, es necesario tener en cuenta una serie de factores que, aunque interrelacionados, responden a dos circunstancias diferentes. Por un lado, nos encontramos con aquellos que derivan de la propia esencia cultural del alimento y su cocina, y del diálogo, no siempre fluido, que se entabla entre las diferentes tradiciones culinarias. En este caso, el contacto cultural que supone el contraste entre dos culturas (sean coexistentes en el tiempo o no: un contacto cultural también puede darse entre una cultura viva y otra extinta, e incluso entre una cultura y su propio pasado cultural) se materializa en las incomprensiones, adaptaciones o rechazos culinarios. La cocina romana se concibe con respecto a los hábitos alimentarios modernos, pues, como una extensión de la alienación cultural que existe entre el pasado y el presente. Por otro lado, este sentimiento se encuentra fundado o potenciado en la propia visión que, tradicionalmente, han tenido de la cocina romana tanto los estudiosos del mundo clásico como los cocineros profesionales que se han acercado al estudio de la alimentación antigua.

En este capítulo se contemplará el modo en que, a lo largo de las edades medieval y moderna, se fueron construyendo una serie de imágenes estereotípicas acerca de la cocina romana, estructuradas en buena medida a través de la figura del gastrónomo Apicio, a quien se le atribuyó la redacción del famoso tratado de cocina. En primer lugar, vamos a analizar algunos de los elementos que constituyen de diálogo intercultural a través de la cocina, así como los desencuentros culinarios. En segundo lugar, se estudiarán las claves de la cocina romana a lo largo de la antigüedad tardía, la edad media y el renacimiento, tanto a través del recuerdo de la figura de Apicio como de la compleja interacción con los principios de condimentación romanos. Finalmente, nos aproximaremos a estos mismos problemas durante los siglos XVII y XVIII, el periodo en el que se asientan las bases del gusto moderno y se producen serias transformaciones en la gastronomía europea que le llevan a diferenciarse de las antiguas estructuras del gusto romano.

LA COCINA COMO PRINCIPIO DE IDENTIDAD CULTURAL

En los últimas décadas se han sucedido los estudios antropológicos, sociológicos e históricos que han puesto de relieve el papel del alimento y su cocina en las dinámicas culturales, sociales y políticas del pasado (Mintz y Du Bois, 2002; Contreras Hernández y Gracia Arnaiz, 2005: 93-165; Montanari, 2006). La comida se afirma como un punto desde el que diferentes culturas han estructurado diversos aspectos de sí mismas: las distinciones de rango y clase (Goody, 1982), el establecimiento de un sistema de comunicación con la esfera de lo divino (Detienne y Vernant, 1979) o el rechazo a las formas consensuadas de ejercicio del poder político, económico y social (Belasco, 2007). Las formas concretas mediante las que la comida vehicula estos rasgos socio-culturales tienen una fuerte dependencia de otros factores históricos, aunque es posible observar unos principios de actuación comunes en todos estos casos.

Uno de los elementos que se plantean con mayor frecuencia en la relación entre las culturas y su alimento es el papel que éste tiene a la hora de forjar las identidades sociales y culturales de sus integrantes, así como su importancia a la hora de definir los límites y horizontes que separan las diferentes tradiciones culturales. Podría decirse que, de acuerdo con un conocido refrán, somos lo que comemos, aunque en un sentido que no se limita únicamente a los horizontes biológicos o nutricionales. La comida disfrutada (o aborrecida) durante la infancia se integra en las estructuras de la memoria, de manera que participa en la identidad individual de un modo especialmente profundo. Tal y como le pasaba a Marcel Proust, la comida tiene un efecto mnemotécnico que la vincula a la identidad individual, sea éste producto de una magdalena humedecida en una taza de té o de cualquier otra comida de las que, popularmente, se asocian a la "cocina de la abuela" (Sutton, 2001; Walker, 2001; Whitehead, 2009: 101-114). Sin embargo, las relaciones entre la comida y la memoria rebasan el ámbito de lo individual y se proyectan hacia el conjunto de hábitos y gestos compartidos mediante los que se vehicula la memoria colectiva (Connerton, 1989). Un grupo social se identifica, en buena medida, por pautas culinarias que, al haber sido colectivamente asumidas desde la infancia, rara vez se cuestionan, salvo como un ejercicio de resistencia activa frente a las estructuras socioculturales predominantes.

Es, de hecho, la identificación colectiva con unas pautas culinarias lo que le confiere una entidad precisa a la idea de "tradición culinaria". Al igual que otros investigadores, podríamos acudir a la metáfora lingüística como un instrumento para el análisis de las tradiciones culinarias y comprender el modo en que éstas se asientan, se transforman y, finalmente, persisten o son olvidadas (Lévi-Strauss, 1965; Cruz-Cruz, 1993; Corbeau y Poulain, 2008: 157-187). La cocina, al igual que la lengua, tiene una lógica interna que podría definirse como una especie de gramática: un conjunto de operaciones culinarias que, ordenadas, constituyen una receta, mientras que el recetario, dispuesto de una manera coherente, articula un menú que arbitra el orden, el sentido y las relaciones internas de los alimentos. Son estos elementos, que incluyen no sólo los alimentos y su elaboración, sino también aspectos como las formas de consumo o los mecanismos de distribución interna de la comida, los que constituyen la cultura alimentaria de un grupo social. Quienes participan de él, se sienten también reconocidos en la comida que, con ciertas variaciones a un nivel íntimo, se reproduce siguiendo unos parámetros que, a grandes rasgos, son coincidentes con lo que se ha dado en llamar "los principios de condimentación" (Rozin y Rozin, 1981). Éstos son las combinaciones de aromas y sabores que permiten caracterizar, identificar y dar continuidad a una tradición culinaria a través del tiempo al presentar una notable resistencia a desaparecer.

Pongamos una serie de ejemplos para demostrar de una manera más clara lo anterior. Si continuamos con la metáfora lingüística de la cocina, podríamos hacer de los ingredientes elementales los elementos designativos de una oración (nombres, adjetivos, etc.), mientras que las operaciones culinarias serían los elementos predicativos (verbos) que establecen las relaciones entre los ingredientes. Si se combinan del modo adecuado, los ingredientes y las operaciones culinarias dan lugar a una receta, un enunciado inteligible (si se quiere, apreciable), en primer lugar, para quienes participan de esta tradición culinaria. Si lo materializamos con un ejemplo extraído de la cocina tradicional española, podremos ver cómo una tortilla de patatas consta de unos ingredientes básicos (huevo, patatas, aceite, etc.) y unos operadores elementales (batir, freír, etc.) que, convenientemente combinados, dan lugar a una receta. No obstante, ¿en qué consiste esta "conveniencia" del plato, más allá de la habilidad del cocinero a la hora de prepararlo?

La combinación de elementos designativos y predicativos supone unas normas gramaticales internas para que, de ese modo, se construya la conveniencia culinaria. Estas normas, asumidas desde la infancia a través de decenas de recetas reiteradas, suelen ser, en realidad, poco evidentes en sí mismas para quienes participan de una misma cultura culinaria por la capacidad que tiene la comida para confundir los hábitos alimentarios con principios de actuación naturales. En la gramática española, por ejemplo, no es habitual combinar en un mismo plato ingredientes de carne y de pescado, ni tampoco introducir en el cuerpo central de la comida piezas de fruta enteras, que suelen desplazarse hacia el postre. La adecuación, o conveniencia, de un plato a estas normas gramaticales, más intuitivas que realmente explícitas, se considera un paso necesario para concederle a éste el rango de habitualidad o normalidad. De otro modo, un plato que no se adapte a estas pautas gramaticales será considerado una experiencia curiosa, aberrante o llamativa, que puede juzgarse como agradable o no al paladar, pero que rara vez se integrará en la normalidad de la tradición culinaria.

La tradición culinaria se encuentra, pues, definida en última instancia por la lógica gramatical que ordena las relaciones entre los ingredientes y sus formas de preparación. El encuentro con tradiciones culinarias foráneas, que hacen uso de unos principios gramaticales ajenos, aún cuando el inventario alimentario y las operaciones culinarias sean similares, produce una sensación de extrañeza y curiosidad que, en cualquier caso, ayuda a la toma de conciencia de la especificidad de la tradición culinaria propia (Bell, 1997). La cocina, al igual que otros hábitos sociales, como el vestido, constituyen un caso significativo de "marca de frontera", esto es, los rasgos que, integrados en la propia identidad individual, canalizan las singularidades y los contrastes culturales (Assman, 2012: 141-149).

La toma de conciencia de la especificidad culinaria suele producirse en el intercambio entre culturas contemporáneas. Históricamente, los viajes y desplazamientos, individuales o en grupo, han sido el motor principal de estos contactos, aunque la emergencia de la cultura globalizada ha supuesto nuevas vías de comunicación y diálogo entre diferentes culturas, tanto en el ámbito culinario como en otros horizontes. Sin embargo, junto al diálogo intercultural, es también frecuente la constitución de situaciones de conflicto y desconfianza. Las ambigüedades que rodean a la comida del "Otro" se expresan mediante leyendas urbanas de gran proyección o, como señalaba Andrew F. Smith (2001: 256), un "fakelore" culinario que canaliza estereotipos negativos referidos a diferentes naciones, culturas, razas, religiones o grupos sociales. El Otro come cosas extravagantes, alejadas de la gramática culinaria propia, de modo que la simple mención de uno de sus menús puede provocar una náusea en los espíritus más delicados. Los ejemplos de comidas aberrantes se suceden en la literatura etnográfica y de viajes, pues el choque culinario se asimila a un choque cultural, de modo que la alteridad en la cocina es inseparable de la producida en otros ámbitos. Desde un punto de vista identitario, la aceptación de las dinámicas de representación de la extravagancia ajena supone la reafirmación de la normalidad propia y su confirmación como el punto de partida de toda interpretación de las conductas humanas hacia el alimento.

Sin embargo, la alteridad no se proyecta únicamente hacia las culturas coetáneas. De acuerdo con la expresión popularizada por el geógrafo David Lowenthal (1988), el pasado es un país extraño, lo que hace de él un ámbito especialmente relevante para la construcción de una alteridad que es, al mismo tiempo, cultural y temporal. La antigüedad clásica es, precisamente, uno de los periodos históricos en los que la idea de la alteridad con respecto a los tiempos presentes es más profunda, y en algunos ámbitos ha tenido, de hecho, una destacada influencia en los estudios clásicos. Así, no resulta del todo extraño que, hasta los estudios más recientes (André, 1961), la historia de la gastronomía antigua se haya encontrado tradicionalmente limitada por un modelo historiográfico en el que la incomprensión de la gramática culinaria se materializaba en una reconstrucción parcial de la realidad alimentaria, marcada tanto por su distancia pintoresca como por rasgos puntuales de proximidad con el presente (Brugière, 1991: 29). En lugar de analizar la cultura alimentaria romana en sus propios contextos productivos, sociales, políticos y culturales, ésta era recreada acudiendo a anécdotas descontextualizadas y lugares comunes que, en el mejor de los casos, recogían los juicios que ya los antiguos filósofos y moralistas romanos habían hecho a propósito de los hábitos alimentarios de sus propias sociedades (Purcell, 2003). A continuación, analizaremos el modo en que diferentes estudiosos del mundo antiguo y cocineros profesionales tejieron una imagen de la cocina romana en la que la extravagancia y la extrañeza con respecto a los hábitos alimentarios contemporáneos conforman la pauta más destacada.

LAS TRANSFORMACIONES DE LA COCINA, EL TRATADO Y LA FIGURA DE APICIO EN LA ÉPOCA MEDIEVAL Y RENACENTISTA

La división estricta entre el mundo antiguo y el medieval, que tradicionalmente se había supuesto en el contexto de la desestructuración del imperio romano de occidente, se ha visto cada vez más cuestionada en diferentes ámbitos económicos, sociales, políticos y culturales. El concepto de "antigüedad tardía" se interpreta como un ámbito de transición entre tiempos históricos que, de un modo amplio, puede extenderse desde mediados del siglo II hasta mediados del VIII (Marrou, 1980; Brown, 2012). En él, las características de la civilización clásica se encuentran con rasgos de otros ámbitos culturales y dan lugar a un periodo de extraordinaria creatividad y fertilidad cultural. No obstante, en el proceso, los elementos que podrían considerarse definitorios del Mediterráneo clásico se transforman en marcos de referencia ideales que son progresivamente relegados al ámbito de la memoria cultural en lugar de mantenerse como elementos de la memoria comunicativa, viva y activa (Assman, 2012: 47-55). En el horizonte culinario, la transformación de la cultura gastronómica romana en un marco de referencia ideal alejado de las prácticas sociales habituales se encuentra integrada en el contexto general de la transformación de los hábitos alimentarios que conlleva la inmigración de grupos sociales considerados bárbaros en el imperio (Montanari, 1993: 16-45). Las ambigüedades de las actitudes alimentarias de las élites bárbaro-romanas quedan bien reflejadas en algunos de los textos del periodo tardoantiguo que se ocupan del alimento y su cocina, como es el caso de Ántimo y el ilustre Vinidario.

Ántimo se mantiene, en general, dentro del horizonte interpretativo de la dietética clásica, aunque con algunos rasgos particulares que delatan la progresiva separación de las prácticas alimentarias y lingüísticas con respecto al modelo que podría considerarse clásico. Estos rasgos contribuyeron a su tardía *editio princeps* (Rose, 1864) y a la ausencia de grandes estudios sobre su obra hasta el siglo XX (Messing, 1942; Grant, 1996). Desde un punto de vista gastronómico, los elementos que indican una transformación en las costumbres y hábitos alimentarios se encuentran tanto en la desaparición de ciertos ingredientes que habían formado parte de los principios de condimentación romanos como en la aparición de otros que, tomados de las tradiciones culinarias bárbaras, se integran en el universo de la dietética tardoantigua, como es el caso del sebo de cerdo o la cerveza (Anth. 1.14-15; *cfr.* Apic. 4.4.1-4.4.2). Tomemos el ejemplo de un ingrediente cuya ausencia transforma el equilibrio de aromas de la cocina tradicional romana. El *lingusticum*, un condimento que se ha interpretado como el apio de monte, goza de una gran importancia en la cocina de los siglos I-III, tanto en la popular como en la más elitista (Col. 12.57.5; Plin. *H.N.* 19.165; 20.187). En el conjunto de 37 recetas recogidas bajo el apartado de *patinae* del libro cuarto de Apicio, por ejemplo, éste se encuentra como un ingrediente principal en 11 de ellas (Apic. 4.2.6; 13; 14; 15; 17; 18; 19; 21; 27; 28; 30), y del total del recetario, en torno a un tercio de las recetas cuentan con *lingusticum* en su composición (Andrews, 1941: 518). Ántimo, en cambio, no hace ninguna mención a esta planta, pese a su gran relevancia en la cocina tradicional, lo que junto al silencio de otras fuentes contemporáneas, ha hecho suponer que su uso dejaría de ser corriente precisamente en el contexto de la transformación alimentaria de comienzos de la antigüedad tardía. Más significativa es la mala opinión que tiene Ántimo sobre el condimento casi universal de la cocina romana: el *garum* o, en su versión más refinada, el *liquamen*. De acuerdo con el nuevo modelo alimentario, el *liquamen* era terminantemente desaconsejado por el médico para cualquier uso culinario, y en su lugar, se empleaba sal o salmuera, algo que contrasta con los hábitos culinarios clásicos (Anth. 1.9: *Nam liquamen ex omni parte prohibemus*).

El silencio o el rechazo directo con respecto a los condimentos habituales en la cocina romana clásica no se limita a la obra de Ántimo. Aunque apenas sabemos nada de la personalidad del ilustre Vinidario, que es como se conoce al autor de un breve texto fragmentario incluido como anexo de uno de los manuscritos de Apicio, parece claro que fue un noble gourmet ostrogodo que vivó a comienzos del siglo VI en el reino de Teodorico (Grocock y Grainger, 2006: 32-35). Pese a la fascinación que tenía Vinidario por la cocina clásica romana, a la que parece imitar en las apenas treinta recetas que han sobrevivido, nos encontramos, de nuevo, con una serie de elementos que marcan el paulatino alejamiento del modelo gastronómico clásico. Así, la cantidad de carne animal en este pequeño texto, especialmente la de cerdo, es mucho mayor que en las recetas de Apicio (Plouvier, 2002). Incluso las recetas que, a primera vista, no contienen carne, son salsas para acompañarlas (Excerpt.Vinid. 31) o platos de pescado (Excerpt. Vinid. 7-20). Por otro lado, esta actitud no deja de reflejar una cierta ambigüedad con respecto a las bases de la cocina tradicional romana. Entre el conjunto de condimentos líquidos que se dice que no han de faltar en ninguna casa se silencian algunos que forman parte de los principios de la cocina romana, como el aceite, el vino o el *liquamen*, aunque posteriormente se emplean en casi todas las preparaciones. A cambio, otros condimentos, como el *costum* y el clavo, conectan tanto con los consejos dietéticos de Ántimo, que las combina en una de sus recetas (Anth. 1.2), como con la cocina medieval posterior, donde el clavo asume un papel de primera importancia. Así pues, pese a sus claras conexiones con la cocina tradicional romana, Vinidario se separa de ella en aspectos muy significativos, indicando, de este modo, el inicio de un distanciamiento entre la gastronomía clásica y la de las élites tardoantiguas.

Es difícil analizar de un modo pormenorizado el modo en que la cultura europea recuerda la cultura gastronómica romana después de Vinidario, pues las referencias al respecto son, en el mejor de los casos, aisladas. Isidoro de Sevilla, en sus *Etimologías* (20.1), recuerda el papel del gourmet Apicio en el desarrollo de la cocina, aunque no sin una crítica directa a su gula y voracidad, que se considera que le corrompieron tanto el cuerpo como el alma, conduciéndole a su suicidio, una noticia que será posteriormente retomada por el segundo mitógrafo vaticano (Mythogr. 2.225). En general, Isidoro se siente identificado con un estilo culinario que se aleja del que considera propio de los lujosos banquetes del periodo imperial. La línea que une la gastronomía romana y la extravagancia pecaminosa se conjuga con el progresivo alejamiento de los principios de condimentación, de modo que las élites dirigentes se sienten cada vez más alejadas de los elementos que constituyen el recuerdo de la cocina clásica. El renacimiento carolingio, marcado por la recuperación de la herencia clásica en muchos ámbitos, no parece haberse correspondido con una recreación real de la cocina romana pese al interés que ésta podía despertar en algunos ámbitos intelectuales (Laurioux, 1994: 23-27). Las dos primeras copias manuscritas del libro de Apicio, elaboradas en los monasterios de Fulda y Tours, datan del siglo noveno, y la segunda de ellas, especialmente lujosa, parece poder ponerse en relación con el círculo de Carlos II. Pese a estos ejercicios intelectuales, los principios de condimentación romanos caen en el desuso y son rechazados por las élites dirigentes, aunque el prestigio del sistema dietético clásico supone la persistencia de algunos de sus elementos. De acuerdo con la

Vida de Carlomagno de Eginardo (22-24), el emperador franco tenía una actitud muy frugal en la mesa, aunque ésta se encontraba marcada por su pasión hacia la carne asada y su rechazo hacia los alimentos hervidos recomendados por sus médicos, un rasgo que habitualmente se interpreta como un indicio se sus preferencias gastronómicas, más relacionadas con el mundo bárbaro que con la herencia clásica.

Más significativa es la interacción que mantienen algunos nobles europeos con la cocina bizantina, que tiene una vinculación mucho más íntima con la del periodo clásico que la del Mediterráneo occidental, especialmente en lo que se refiere al uso de salsas de pescado (Dalby, 2003: 66-69). En el relato de la embajada que Liutprando de Cremona dirigió a Bizancio en el 968, la amargura por el resultado final de las negociaciones con el emperador Nicéforo Focas no es menor que la que le producía el recuerdo de la cena que se le sirvió, sazonada con lo que el obispo de Cremona consideraba unas salsas de pescado de pésimo gusto (*Relatio de legatione Constantinopolitana*, 11). El desplazamiento de las salsas de pescado fermentado en el occidente mediterráneo en favor de otras fórmulas para la preservación de la pesca, como el salazón, ha transformado definitivamente las estructuras del gusto europeo, de modo que, con respecto a la cocina bizantina, se produce una alteridad cultural que, por otro lado, funciona también con respecto al propio pasado clásico. Así, Liutprando, provocado por el emperador, contesta que los latinos le conceden el nombre de "Romanos" sólo a los enemigos que han sido vencidos por el lujo, la avaricia y otras faltas que, indudablemente, se asocian a la peor imagen del poder imperial (*Relatio de legatione Constantinopolitana*, 12). El lujo, la depravación y el shock culinario, materializado en las salsas de pescado fermentado tan típicas de la cocina romana, parecen estar plenamente integradas en una imagen del pasado alimentario al que se une el desprecio por lo que se considera la depravada cultura bizantina.

En el renacimiento carolingio no se produce, pues, una reivindicación de la cocina romana, y en su lugar, se acentúan los rasgos que la diferencian de los gustos contemporáneos y se intensifican las imágenes que hacen de ella algo marcado por la extravagancia y el disfrute de elementos chocantes para el gusto contemporáneo. ¿Qué ocurre, no obstante, en el renacimiento humanista que tiene lugar en la Europa latina desde el siglo XIV? La respuesta no es del todo fácil, pues son varios los factores que hay que tener en cuenta: el debate que se entabla entre la moral y el placer en la filosofía renacentista, la persistencia de un orden dietético que, aunque basado en los principios de actuación tradicionales, no los aplica en su totalidad, o la fascinación por el mundo antiguo (Flandrin, 1999). El ambiente de la Roma de la década de 1460 nos ofrece una oportunidad de estudio de las dinámicas de apropiación y rechazo del pasado clásico en el ámbito gastronómico, especialmente a través de la obra de Bartolomeo Sacchi, conocido como Platina, y su obra *De honesta voluptate et valetudine* (Milham, 1998; Laurioux, 2006).

La Roma papal vive, en este periodo, un intenso proceso de transformación culinaria, canalizado, en buena medida, por el nuevo estilo de cocina patrocinado por el maestro cocinero Martino da Como (Cruz Cruz, 1998). Platina, amigo de Martino, redacta a mediados de la década de 1460 el manuscrito de su *De honesta voluptate*, donde reflexiona de una manera activa sobre la gastronomía como un arte en el que se pueden unir el placer sensorial, la decencia moral y la salud corporal. Desde la propia estructura compositiva, parece que Platina busca un diálogo consciente con el tratado de cocina de Apicio, que hacía poco que había sido redescubierto por el círculo de humanistas romanos, sea mediante la consulta de un códice completo, sea mediante la de un epítome parcial (Laurioux, 1994: 33-35). Al igual que el texto de Apicio, *De honesta voluptate* se encontraba dividido en diez libros, cuyos contenidos, a primera vista, parecen estar relacionados con los del tratado de cocina romana (Milham, 1998: 49; Laurioux, 2006: 55-56). Más allá de unos ciertos paralelos en el esquema organizativo del libro, no obstante, la influencia del tratado de Apicio es bastante limitada. Ésta se relaciona más con el ámbito de la pureza del latín referido al ámbito culinario que a las preparaciones en sí mismas. Platina sólo cita en su texto tres recetas de Apicio (7.6.2, para una salsa para carne cocida; 7.14.3, una receta de trufas; 1.2, para un vino con miel), siendo la *Historia Natural* de Plinio el Viejo, sobre la que el propio Platina haría un epítome, una fuente mucho más citada (28 veces; Laurioux, 2006: 65-66). Es significativo, de hecho, que un humanista tan interesado en la persistencia de la cultura clásica que, de hecho, fuera acusado de pagano ante la inquisición romana, asegurara que la cocina del maestro Martino era muy superior a la que parecía reflejada en el libro de Apicio. Si en todas las demás artes, los pueblos clásicos habían superado a los modernos, en el caso de la cocina no había sido así (*De honesta voluptate*, 6.41).

El escepticismo culinario que lleva aparejado el redescubrimiento del tratado de Apicio no es exclusivo de Platina, como recuerda Bruno Laurioux (2006: 223-224). Ni siquiera los humanistas con mayores cotas de devoción por el mundo antiguo, como Pomponio Leto, quien solía pasear por Roma vestido con unos extravagantes coturnos, dan muestras de haberse entregado a ejercicios de recreación culinaria tomando como base el texto de Apicio. El gusto literario renacentista tenía como modelo al mundo antiguo en la misma medida que el gusto gastronómico huía de él. La amplia difusión de la obra de Platina en Europa, con diecisiete ediciones en latín y cerca de veinte traducciones a lenguas vernáculas entre 1470, fecha de su primera edición impresa, y 1541, da una muestra de la capacidad del humanista para canalizar un sentimiento gastronómico que mira con desdén las antiguas recetas de Apicio y busca satisfacer un nuevo paladar. Esto no quiere decir, por otra parte, que el texto atribuido al gastrónomo romano dejara de interesar a los intelectuales europeos en el albor del nuevo siglo. De acuerdo con Milham (1967) la *editio princeps* del texto apiciano aparece datada el veinte de enero de 1498 en Milán, *impressum (...) per magistratem Guilermum Signerre Rothmagensen*, y ese mismo año parece haberse realizado una segunda impresión con un ligero cambio en el título. En muy poco tiempo su popularidad es tal que le seguirán dos ediciones en Venecia, una a cargo de *Bernardinum Venetum*, datada hacia 1500, y otra *per Iohannem de Cereto de Tridino alias Tacuinum*, datada en 1503. Unos cuarenta años más tarde se elaboran otras dos ediciones de Apicio que son todavía tenidas en cuenta para enfrentarse a algunos de los problemas del texto. La primera de ellas aparece en Basilea en 1541, a cargo de A. Torinus, y la segunda, en Zúrich, en 1542, a cargo de G. Hummelberg. Las ediciones consecutivas del texto son indicativas tanto de la curiosidad que despierta la cocina romana como de la dificultad a la hora de encontrar una versión definitiva de un texto para cuya interpretación es necesario acudir a conocimientos filológicos, históricos, geográficos y culinarios (Edwards, 2001).

Al margen de en las ediciones del texto de Apicio, el interés que despierta la cocina romana se detecta en el uso que se hace del nombre del gastrónomo romano en una gran cantidad de contextos en los que éste se vincula al lujo y a la preparación de ostentosos banquetes. Erasmo de Rotterdam empleaba con cierta frecuencia el nombre de Apicio como un sinónimo de la opulencia gastronómica. Así, en el inicio del *Convivium profanum*, editado en 1522 en su forma definitiva, el personaje de Cristiano dice que no aprecia ni a Apicio ni a Diógenes, indicando con ello los extremos de la depravación y la austeridad culinaria. El recuerdo de Apicio se mantiene en otros de sus coloquios con unos rasgos muy similares, aunque en el titulado *Poludaitia*, el banquete de muchos platos, aparece como un sabio maestro de la etiqueta y la comida con cuyo arte intenta minimizar la incomodidad que supone un gran banquete para los asistentes. Lo que resulta interesante de estos escritos es que, pese al interés por la figura de Apicio, Erasmo no da muestras de haber leído el tratado culinario a él adscrito, o por lo menos no incluye ningún material propio de él en el *Poludaitia*, el diálogo que le hubiera dado lugar a una mayor exposición del tema. Las preocupaciones por la etiqueta del banquete son las propias de Erasmo y su época, y no reflejan las problemáticas de los modales antiguos (Elias, 2010: 149-164; Nadeau, 2010). Íntimamente relacionada con esta obra de Erasmo se encuentra la edición en Frankfurt en 1534 de un tratado a cargo de un tal Polynomus Syngrapheus llamado *Schola Apiciana*, que gozó de una nueva edición al año siguiente en Amberes. En él se agrupaban varios textos antiguos y contemporáneos sobre la comida y la cocina, como el *Poludaitia* de Erasmo, así como referencias de Aulo Gelio, Plinio el viejo o Macrobio, aunque no se recurría a ningún material del *De re coquinaria* de Apicio. El hecho de que, en estos casos, no se produjera una consulta directa del tratado de Apicio, o que, en cualquier caso, dicha consulta no se reflejara en los textos finales, nos da una idea acerca de cómo el nombre de Apicio se convierte en un estereotipo con el que designar al gastrónomo (Milham, 1970).

LAS IMÁGENES DE LA COCINA ROMANA ENTRE LOS SIGLOS XVII-XVIII

El destacado interés que tiene la figura de Apicio y el tratado que a él se adscribe hasta la primera mitad del siglo XVI parece quedar desplazado por otras preocupaciones intelectuales a lo largo del siglo XVII. La ausencia de nuevas ediciones del texto de Apicio es, al respecto, significativa, aunque esto no quiere decir que no se hicieran algunos intentos que, no obstante, quedarían en suspenso (Milham, 1972). La edición de Apicio llevada a cabo por el doctor británico Martin Lister en Londres en 1705 (con una nueva edición en Ámsterdam con un complejo grabado a modo de portada en 1709) tiene algunas mejoras con respecto a las del siglo XVI, sobre todo por su gran conocimiento sobre historia natural, aunque su poca circulación (apenas se imprimieron cien ejemplares de su edición de 1709) lastró el desarrollo de un nuevo interés por el texto de Apicio hasta el siglo XIX.

Sin embargo, desde el punto de vista de la historia de la cocina, este periodo se encuentra definido por la emergencia de un nuevo estilo culinario que deja atrás definitivamente los pocos elementos que, desde el mundo romano, se habían proyectado hacia los periodos medieval y renacentista. Desde la primera mitad del siglo XVII se produce una intensa modificación culinaria basada en la limitación de la gama de especias empleadas, la plena conciencia del sabor dulce frente a otras sensaciones hasta entonces asociadas a él (la moderna gama de lo agridulce), la experimentación con grasas lácteas (mantequilla) y el desarrollo de salsas de base grasa en vez de base ácida (Rambourg, 2010: 109-124). La publicación del tratado de cocina de Pierre François, llamado de La Varenne, *Le cuisinier françois*, en París en 1651 supuso no sólo un gran éxito de ventas a título individual, sino la transformación de la gastronomía europea de acuerdo con estos nuevos parámetros. Aunque puede no ser sino un tópico habitual en los estudios de historia de la cocina, parece que el panorama culinario europeo se transforma más en la segunda mitad del siglo XVII que en toda la historia anterior. A consecuencia de ello, en los albores del siglo XVIII se ha afirmado en la cultura europea la conciencia de, al menos, dos modelos culinarios diferenciados: uno moderno, relacionado con la nueva cocina de origen francés, y otro antiguo, que de algún modo se vincula al pasado medieval y, a través de él, con un ligero recuerdo de los principios dietéticos clásicos.

Al igual que en otros ámbitos culturales, en la cocina se produce un debate entre los "Antiguos", partidarios de la tradición, y los "Modernos", quienes apoyan la experimentación y la apertura de nuevos horizontes (Rambourg, 2010: 148-151). Los primeros trazos de este conflicto se encuentran en una fecha tan temprana como 1674, cuando el autor del *Art de bien traiter*, conocido simplemente como L.S.R., introduce un enfrentamiento directo con los cocineros que perpetuaban la cocina antigua. No es, sin embargo, hasta la década de 1730 cuando las posturas opuestas cristalizan en un debate que, aunque se sitúa en el plano de la retórica, tienen una destacada proyección hacia la manera en la que se piensa socialmente la cocina, tanto antigua como moderna. El debate se encuentra marcado, en primer lugar, por la introducción del conocimiento gastronómico entre los mecanismos de distinción y representación social de la aristocracia europea y de las clases sociales en ascenso. Si, como Vincent de la Chapelle escribía en el prefacio de su *The modern cook* (Londres, 1733), la cocina había evolucionado tanto en las últimas décadas que un plato preparado a la moda de hacía veinte años ya tenía un regusto extraño para los comensales modernos, ¿qué podía esperarse de los platos preparados "a la antigua"?

La respuesta de algunos intelectuales gastrónomos puede encontrarse en la *Enciclopédie* editada por Diderot y D´Alembert, en la que se encuentran varios de los elementos que definen la cultura gastronómica romana desde la óptica moderna. Así, en la definición del término "Assaisonnement", aparecida en la primera edición de la obra (1751, tomo 1, página 765), el arte de la condimentación es definida, en primer lugar, como la capacidad para mezclar ingredientes y preparar, de esa manera, platos exquisitos, y a continuación se pasa a hacer un esbozo de ensayo histórico en el que los principios de la condimentación romanos son definidos en los peores términos. El autor asegura no estar seguro de si se podría alcanzar el punto de corrupción gastronómica al que habían llegado los romanos, con Apicio a la cabeza, y establece el falso mito de la proyección del legado corrupto de la cocina romanoitálica "antigua" a Francia a través del entorno de la figura de Catalina de Médici. En la definición del término "Cuisine" (1751, tomo 4, páginas 737-739), Jacques-Nicolas Bellin indicaba, en términos muy similares a los empleados en la definición de "Assaisonnement", que los romanos eran un pueblo cuya cocina estaba entregada a las más altas cotas de la sensualidad, el gasto y la corrupción. En su análisis, Bellin invoca las excentricidades del banquete de Trimalción (*Sat.* 31; 33; 35; 40.5-8), la cena ofrecida a los eruditos del banquete de Larensio (Ath. 376c-d; 381a-c) o las reflexiones de moralistas como Séneca para justificar la pobre opinión sobre la gastronomía romana (*Cons.Helv.* 10.8-9; *Vit.Beat.* 11.4), y aunque se cita a Apicio, no se hace referencia al recetario que se le atribuye, sino a las anécdotas que se contaban sobre su supuesta vida. Como en el caso anterior, se asume que los peores rasgos de la cocina romana son heredados por los italianos, quienes se los contagian a los franceses a través de Catalina de Médici. Finalmente, Louis de Jaucourt, en su definición de "Gourmandise" (1757, tomo 7, página 754) remite a ejemplos sacados del mundo clásico para ilustrar lo que podría llamarse la obsesión gastronómica de los antiguos, sumidos en una insana pasión por comidas lujosas, extravagantes y excesivamente condimentadas.

Los enciclopedistas no parecen sino hacerse eco de la opinión generalizada sobre la asombrosa, voluptuosa y extravagante cocina romana, considerada absolutamente alejada, para bien, del gusto coetáneo. En 1739 *Les dons de Comus ou les délices de la table*, una obra impresa en París en la que se ofrecían meditaciones sobre la gastronomía moderna, contiene un ensayo de historia de la cocina en la que ya se encuentran varias de las afirmaciones que posteriormente se popularizan mediante la *Encyclopédie*. De acuerdo con su prefacio (xvi-xvii), obra de los jesuitas Pierre Brumoy y Guillaume-Hyacinthe Bougeant, si bien la antigüedad clásica se había impuesto como un modelo en todas las artes, no había ocurrido así con la cocina: la afición romana por la profusión y las rarezas culinarias se había visto superada por las ideas de buen gusto y variedad contenida que reinaban en el siglo de las Luces. Es llamativo, sin embargo, que en estas mismas páginas se muestre una cierta admiración por el pasado gastronómico del mundo clásico.

La identidad jesuita de estos intelectuales probablemente sea una de las razones por las que el pasado culinario romano es visto de un modo más positivo, o menos siniestro, que en otras visiones coetáneas. Sin embargo, no es realmente la única mirada simpática que recibe la cocina clásica en el siglo XVIII. La emergencia del gusto neoclásico y la confirmación de la gastronomía como una de las principales herramientas en la construcción de la identidad de las élites prerrevolucionarias llevaron a algunas personas a realizar ensayos de recreación culinaria clásica, con un éxito discutible en el mejor de los casos (Kaufman, 2001: 123-124). La ácida visión que nos ofrece Tobias Smollet en *The adventures of Peregrine Pickle* (Londres, 1751) acerca de las distracciones de la élite letrada inglesa es significativa del interés que tiene la cocina romana en estos ámbitos. En capítulo 44 de esta novela, el protagonista acude a una cena realizada de acuerdo con lo que se consideraba el genuino gusto romano, para mortificación del desgraciado cocinero francés que se ve en la obligación de prepararla de acuerdo con las indicaciones del doctor que hace las veces de anfitrión. Pese a los rasgos humorísticos con los que nos describe la escena (especialmente concentrados en las reacciones de los sufridos comensales), los platos que se presentan en ella son genuinamente apicianos, quizás tomados de la edición del doctor Lister. Así, entre otros platos, se sirve un ganso en salsa de pimienta, apio de monte, cilantro, menta, ruda y anchoas (Apic. 7.2, donde las anchoas sustituyen al *liquamen* original), o una ternera en salsa de hinojo y menta-poleo sobre una base de encurtidos, aceite, harina y miel (probablemente, una adaptación que mezcla elementos de Apic. 8.5.3 y 8.5.4). El espíritu crítico de Smollet nos permite destacar que la celebración de fiestas "al estilo clásico" se había convertido en una ocupación, si no habitual, al menos asociada al tipo de extravagancias de estos grupos sociales. Sin embargo, en lo esencial, las estructuras del gusto moderno se encontraban tan alejadas de las romanas que el literato podía imaginarse a un pobre cocinero francés aullando de dolor ante la perspectiva de tener que someter los platos a "la mortificación de la miel y el aceite" o a un comensal que sufriera una parálisis total tras probar una de las sopas compuestas según el tratado de Apicio.

La afición de las élites letradas inglesas satirizadas por Smollet encuentra paralelos en la Francia de finales del siglo XVIII. El enorme éxito de la obra del abate Barthélemy, *Voyage du jeune Anacharsis en Grèce*, publicada en 1788, vehicula las afinidades intelectuales y culturales de las élites francesas por el pasado clásico que, posteriormente, cristalizarán en el periodo revolucionario e imperial (Mossé, 1989). Barthélemy no trata de una manera específica la cocina y la alimentación de los griegos, aunque la profundidad ocasional con la que aborda estos problemas son un indicio del interés que éstos presentan para sus propios contemporáneos. En el capítulo 25 el joven Anacarsis es introducido en un espléndido banquete ateniense, reconstruido a partir de las obras de Aristófanes, Teofrasto, Jenofonte y, sobre todo, Ateneo, de quien no sólo toma la mayoría de las referencias clásicas, sino también los elementos narrativos básicos con los que se presenta el desarrollo del banquete. Marie-Louise-Élisabeth Vigée-Lebrun, la retratista de la corte parisina, adaptó en una fiesta improvisada "a la griega" algunas de las recetas ofrecidas por Barthélemy (posiblemente, la salsa de aceite, queso, vinagre y silfio que el abate había tomado de Ar. *Av.* 1581-1590, usada para un pollo, y otra para una anguila, que podría ser a base del acompañamiento de los moluscos de Barthélemy, que podría haberlo tomado a su vez de Apic. 2.1.1). Pese a la aparente austeridad de esta fiesta, al menos si se comparaba con la tónica habitual de los banquetes del París del Antiguo Régimen, en seguida corrieron rumores del desorbitado gasto que ésta había supuesto, mezclando, en el proceso, los procesos mediante los que se dibujaban los extravagantes banquetes romanos y los griegos (Kaufman, 2001: 123).

En definitiva, a finales del siglo XVIII se generalizan diferentes ideas entre las élites ilustradas que tienden a converger para ofrecer una visión de la antigua cocina clásica coherente con unos principios de representación del pasado. La fascinación y el respeto que tiene el mundo clásico como referente de las formas de representación del poder personal y las jerarquías socioculturales del presente encuentra en la cocina una manera de materializar un principio de alienación cultural. Las maneras de preparar y consumir el alimento, proyectadas hacia un trasfondo moral que ya es empleado en el mundo clásico como mecanismo de depreciación y crítica social, son contempladas como uno de los puntos en los que las diferencias entre la antigüedad clásica y el presente son más evidentes, ofreciendo, al respecto, un contraste positivo hacia los tiempos modernos. La unión conceptual que se efectúa entre la gastronomía depravada, los banquetes extraordinariamente lujosos y el teórico proceso de lo que Gibbon llamaría la decadencia y caída del imperio romano ofrece a los intelectuales europeos un camino para la crítica consensuada hacia el pasado clásico en un momento en que, en la propia cultura europea, el conocimiento gastronómico asume un papel de primera importancia en la formación del buen gusto con el que se definen las jerarquías socioculturales. Pocos podían expresar mejor esta idea que el reverendo Richard Warner, quien en el prefacio de su *Antiquitates culinariae; or curious tracts relating to the culinary affairs of the old English*, publicado en Londres en 1791, afirmaba que «The annals of the empire, are almost the annals of gluttony».

BIBLIOGRAFÍA

ANDRÉ, J. (1961): *L'alimentation et la cuisine à Rome*, Paris. Les belles lettres.

ANDREWS, A. C. (1941): "Alimentary use of lovage in the Classical period", *Isis*, 33 (4), 514-518.

ASSMAN, J. (2011): *Historia y mito en el mundo antiguo. Los orígenes de la cultura en Egipto, Israel y Grecia*, Madrid. Gredos.

BELASCO, W. J. (2007): *Appetite for change. How the counterculture took on the food industry*, Ithaca. Cornell University press.

BELL, D. (1997): *Consuming geographies. We are where we eat*, London. Routledge.

BROWN, P. (2012): *El mundo en la antigüedad tardía (de Marco Aurelio a Mahoma)*, Madrid. Taurus.

BURGIÈRE, A. (1991): "Alimentación", en Burgière, A. (ed.): *Diccionario de ciencias históricas*, Madrid, Akal, 29-33.

CONNERTON, P. (1989): *How societies remember*, Cambridge. Cambridge University press.

CONTRERAS HERNÁNDEZ, J.; GRACIA ARNÁIZ, M. (2005): *Alimentación y cultura. Perspectivas antropológicas*, Barcelona. Ariel.

CORBEAU, J.-P.; POULAIN, J.-P. (2008): *Penser l´alimentation. Entre imaginaire et rationalité*, Toulouse. Éditions privat.

CRUZ-CRUZ, J. (1993): "Semántica de la comunicación alimentaria", en Bilbao Fullaondo, J. (ed.): *El ámbito gastronómico*, Bilbao, Beitia, 31-50.

DALBY, A. (2000): *Empire of pleasures: luxury and indulgence in the Roman world*. London. Routledge.

DALBY, A. (2003): *Flavours of Byzantium*. Totnes. Prospect Books.

DALBY, A.; GRAINGER, S. (2012): *The classical cookbook*, Segunda edición, London. British museum.

EDWARDS, J. (2001): "Philology and cuisine in *De Re Coquinaria*", *The American Journal of Philology*, 112 (2), 255-263.

FAAS, P. (2003): *Around the Roman table: with more than 150 original recipes*, London. Macmillan.

FLANDRIN, J.-L. (1999): "Seasoning, cooking and dietetics in the late Middle Ages", en Flandrin, J.-L-; Montanati, M. (eds.): *Food, a culinary history*. New York. Penguin Books. 313-327.

GOODY, J. (1982): *Cooking, cuisine and class. A study in comparative sociology*, Cambridge. Cambridge University press.

GRAINGER, S. (2006): *Cooking Apicius: Roman recipes for today*, Totnes. Prospect books.

GRANT, M. (1996): *Anthimus. On the observance of foods*. Totnes. Prospect Books.

GRANT, M. (2008): *Roman cookery: ancient recipes for modern kitchens*, Edición revisada, London. Serif.

GROCOCK, C.; GRAINGER, S. (2006): *Apicius*. Totnes. Prospect Books.

KAUFMAN, C. K. (2001): "Remembering of meals past: cooking by Apicius´ book", en Walker, H. (ed.): *Food and the memory*, Totnes, 123-130.

LAURIOUX, B. (2006): *Gastronomie, humanisme et société à Rome au milieu du XVe siècle. Autour du De honesta voluptate de Platina*. Firenze. Edizioni del Galluzzo.

LÉVI-STRAUSS, C. (1965): "Le triangle culinaire", *L´Arc*, 26, 19-29.

LOWENTHAL, D. (1988): *The past is a foreign country*, Cambridge. Cambridge University Press.

MARROU, H. (1980): *¿Decadencia romana o antigüedad tardía?*, Madrid. Rialp.

MESSING, G. (1942): "Remarks on Anthimus *De observatione ciborum*", *Classical Philology*, 37 (2), 150-158.

MILHAM, M. E. (1967): "Towards a stemma and fortuna of Apicius", *Italia medievale e umanistica*, 10, 259-319.

MILHAM, M. E. (1970): "Apicius in the northern renaissance, 1518-1542", *Bibliothèque d´Humanisme et Renaissance*, 32 (2), 433-443.

MILHAM, M. E. (1972): "Leyden and the "fortuna" of Apicius", *Renaissance Quarterly*, 25 (2), 188-191.

MILHAM, M. E. (1998): *Platina, on roght, pleasure and good health. A critical edition and translation of "De honesta voluptate et valetudine"*. Tempe. Medieval and renaissance texts and studies.

MINTZ, S. W.; DU BOIS, C. M. (2002): "The anthropology of food and eating", *Annual review of Anthropology*, 31, 99-119.

MONTANARI, M. (1993): *El hambre y la abundancia: historia y cultura de la alimentación en Europa*. Barcelona. Crítica.

MONTANARI, M. (2006): *Food is culture*, New York. Columbia University Press.

MOSSÉ, C. (1989): L´Antiquité dans la Révolution française. Paris. Albin Michel.

NADEAU, R. (2010): Les manières de table dans le monde gréco-romain. Tours. Presses universitaires François-Rabelais.

PLOUVIER, L. (2002): L´alimentation carnée au Haut Moyen Âge d´après le «De observatione ciborum» d´Anthime et les «Excerpta» de Vinidarius", Revue belge de philologie et d´histoire, 80 (4), 1357-1369.

PURCELL, N. (2003): "The way we used to eat: diet, community and history at Rome", American journal of philology, 124 (3), 329-358.

RAMBOURG, P. (2010): Histoire de la cuisine et de la gastronomie françaises; du Moyen âge au XXe siècle. Paris. Perrin.

ROSE, V. (ed.) (1864): "Epistula Anthimi viri inlustris comitis et legatarii (de observatione ciborum epistula)", Anecdota Graeca et Graecolatina, vol. 2. Berlin. Ferdinand Duemmler.

ROZIN, E.; ROZIN, P. (1981): "Some surprisingly unique characteristics of human food preferences", en Fenton, A.; Owen, T. (eds.): Food in perspective, Edinburgh, J. Donald Publishers, 243-252.

SMITH, F. A. (2001): "False memories: the invention of culinary fakelore and food fallacies", en Walker, H. (ed.): Food and the memory, Totnes, 254-260.

SUTTON, D. E. (2001): Remembrance of repasts. An anthropology of food and memory, Oxford. Berg.

WALKER, H. (ed.) (2001): Food and the memory, Totnes. Prospect books.

WHITEHEAD, A. (2009): Memory, London, Routledge.

APROXIMACIÓN A LA PRODUCCIÓN DE ACEITE Y VINO EN CAESAROBRIGA (TALAVERA DE LA REINA, TOLEDO)

Alberto Moraleda Olivares[1]
Sergio de la Llave Muñoz[2]

INTRODUCCIÓN

Caesarobriga, actual Talavera de la Reina, se encontraba en el límite oriental de la *Lusitania* con la *Cartaginensis* en la línea divisoria entre el pueblo Vettón y el Carpetano, surgiendo como centro urbano al concentrarse varios núcleos poblados como Arroyo Manzanas (Moreno, 1990, pp.277-308 y Urbina, et al., pp.307-320). Tradicionalmente se había vinculado Talavera de la Reina con la *Carpetania*. Sin embargo, el análisis de fuentes epigráficas, históricas y arqueológicas demuestran que *Caesarobriga-Elbora* estaría ubicada en la zona más oriental de la *Vettonia* en el valle del Tajo (González-Conde, 1986, pp.87-93 y Sánchez, 2007, pp.107-164).

El desarrollo de la urbe, presuntamente fundada *ex novo*, giraría en torno a un vado que había en el río Tajo (Mangas y Carrobles, 1992, pp.95-114), siendo posteriormente salvado por un puente construido entre los siglos I-II d.C. y que afianza su situación geoestratégica como eje fundamental en las comunicaciones de un amplio territorio (Moraleda y Pacheco, 1991).

Caesarobriga está enclavada en un lugar de paso, ubicada en las cercanías de importantes ejes de comunicación, como la vía que ponía en comunicación *Emerita Augusta* con *Caesaragusta*, la vía 25 del Itinerario Antonino, denominada *alio itinere ab Emerita Augusta* (Fernández, et al., 1990, pp.155-164; Arias, 1987 y 2004; Carrasco, 1995, pp.299-313 y Carrasco, 2002, pp.75-85).

---

[1] *Tutor C.A. UNED Talavera. Arqueólogo*

[2] *Arqueólogo y Doctorando*

Respecto al estatuto jurídico y administrativo que alcanzó la urbe no disponemos de información detallada. Plinio en su *Naturalis Historia* otorga a la *Lusitania* un total de 46 organizaciones urbanas entre las cuales figura *Caesarobriga* y en la cual la tasa de indígenas debía de ser elevada ya que encontraba como *stipendiaria* (Plinio, IV, 118). Hacia 74 d.C. *Caesarobriga* se convierte en *municipium* romano (*rex publica*) mediante el beneficio del Edicto de Latinidad decretado por Vespasiano. De este modo, sus habitantes fueron adscritos a la tribu romana Quirina (Andreu, 2004, pp.343-364).

A partir del siglo III d.C. la *urbe* experimentó un proceso de transformación y reconfiguración de los espacios que alteró la topografía urbana de la edilicia altoimperial, aprovechando numeroso material constructivo anterior dándose el fenómeno conocido como *spolia*, hecho que se constata en otras zonas de la ciudad (Urbina, 2001 y 2007). Por su parte, la excavación del polígono ME-34, un espacio situado al suroeste de la ciudad entre las calles San Clemente, Entretorres y Avda. Real Fábrica de Seda, cuya urbanización obligó a ejecutar numerosas intervenciones arqueológicas han aportado información muy importante como el descubrimiento de un complejo termal (Pacheco y Moraleda, 1997, pp.427-436); varias *domus* decoradas con pinturas murales, dotadas de infraestructuras hidráulicas que conectan con una cloaca principal que deriva sus aguas hacia el río Tajo (Pacheco, 2004) y presuntos recintos destinados al culto religioso, a juzgar por la aparición de una estatua de Hércules en un recinto fechado entre el siglo III y IV d.C. (Moraleda y Pacheco, 1998, pp.58-61 y Pacheco, et al., 2001, pp.167-182).

En definitiva, nos encontramos ante un centro urbano que reunía unas mínimas infraestructuras, con una población importante centrada en la actividad comercial y agropecuaria que sostiene en su rico y fértil *ager* circundante controlado por elementos fortificados destinados al control viario y con establecimientos de *villae*, *villula*, *pagus*, *vici*, *castella* y turres (Martínez, 2006, pp.113-132 y Pacheco, 2002, pp.53-74).

Por su parte, las intervenciones arqueológicas llevadas a cabo en torno a la calle Lechuga de Talavera de la Reina (Toledo), antigua *Caesarobriga*, ha permitido reconocer varias estructuras fácilmente connotadas con uno o varios complejos de transformación. Tanto la estratigrafía como el estudio de los materiales recuperados permite afirmar que su período de ocupación está comprendido entre finales del siglo III y comienzos del V d.C. El objetivo de este trabajo es realizar una aproximación a la producción del aceite y vino en torno a la urbe de *Caesarobriga* y dar a conocer estos complejos, la naturaleza de su producción y aportar nuevos datos sobre este tipo de instalaciones productivas en el ámbito urbano de la Meseta Sur.

La falta de evidencias arqueológicas *in situ* de este tipo de complejos productivos en torno al sector oriental de la *Lusitania* y el territorio de *Caesarobriga* es un hecho que no indica la ausencia productiva de aceite y vino en la zona. En este sentido, es conveniente recordar que el cultivo de la vid es posible en toda la península Ibérica, debido a su potente connotación cultural e importancia alimenticia por lo que debemos suponer una producción vitivinícola para época romana en todas las regiones hispanas, incluyendo ambas mesetas. En el caso del aceite, su límite geográfico impide el cultivo del olivo en prácticamente toda la mitad septentrional de la Península a excepción del valle del Ebro y el extremo noreste peninsular, aunque tiene fácil sustitución nutritiva en algunas grasas animales.

Pese a ello, e incluso teniendo en cuenta hallazgos realizados en los últimos años, la evidencia de la elaboración de estos productos en la región submeseteña resulta significativamente reducida. Por otra parte, hay autores que defienden que para realizar un correcto análisis de la parquedad de estos vestigios debemos tener en cuenta la denominada "producción silenciosa", es decir, aquella que no requiere elementos estructurales para completar la elaboración del vino y el aceite (García-Entero, et al., 2011-2012, p.156).

En consecuencia, el volumen de información disponible en la actualidad para analizar el fenómeno de la producción de vino y aceite en torno al territorio de *Caesarobriga* es insuficiente, ya que en muchos casos tan solo contamos con referencias de carácter superficial que en ningún caso permiten extraer conclusiones ni sobre la evolución histórica de estas producciones ni sobre la tecnología utilizada para la manufactura de estos productos agrícolas.

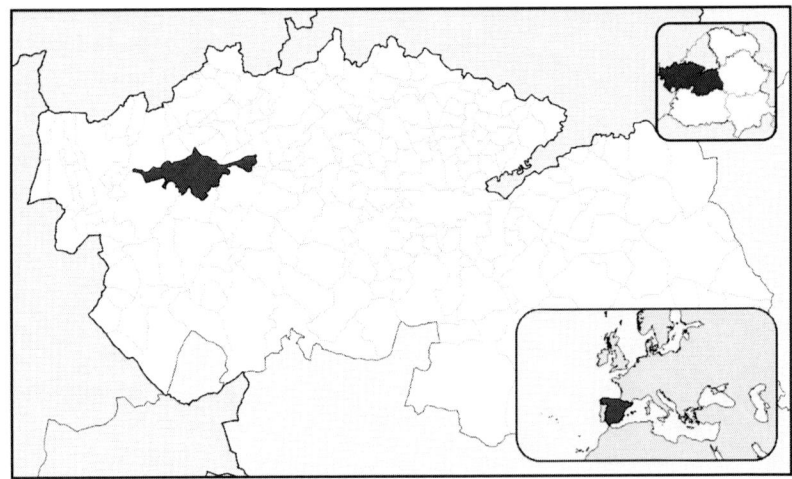

[Fig. 1] Localización del Término municipal de Talavera de la Reina (Autores)

PRODUCCIÓN DE ACEITE Y VINO ENTORNO A CAESAROBRIGA

Los testimonios conservados en torno a *Caesarobriga* pueden clasificarse en dos grupos según su naturaleza. Por un lado los hallazgos aislados, documentados en superficie o fuera de su emplazamiento original y por otro, la información procedente de intervenciones arqueológicas en algunos complejos productivos que aportan un volumen importante de información para su análisis.

En el primer caso, las evidencias de superficie vinculadas a elementos destinados a la elaboración de vino y/o aceite, son escasas e imprecisas en su interpretación y se localizan en las actuales provincias de Ciudad Real, Cuenca, Madrid y Toledo (García-Entero, et al., 2011-2012, pp.157-160). En lo que debió ser parte del antiguo *territorium* de *Caesarobriga*, contamos con varios ejemplos de este tipo de hallazgos en Belvís de la Jara (García-Entero, et al., 2011-2012, p.158); Talavera de la Reina (Urbina, 2001 y 2007) o en Calera y Chozas[3]. Sin embargo,

---
3 Durante una visita realizada por los autores al paraje de la ermita de la Virgen de la Vega y Chilla fue documentado un *lapis pedicinus* realizado en un bloque monolítico de granito y que ha sido reutilizado como losa en el pavimento que da acceso a la misma.

no contamos con información precisa sobre su contexto y adscripción cronológica.

Frente a estas referencias de superficie, en la última década se ha abordado la excavación de complejos productivos vinícolas y oleícolas, ubicados tanto en contextos urbanos como rurales de la Meseta Sur. Nos referimos a los *torcularia* de La Bienvenida, en Almodóvar del Campo, Ciudad Real (Zarzalejos, Fernández y Hevia, 2005, pp.163-180); Val de la Viña, en Alovera, Guadalajara (Roberto, et al., 2011-2012, pp.209-218); Alcázar de San Juan, en Ciudad Real (Ruiz y Carretón, 2011-2012, pp.241-252); Casa de Rodas/Los Callejones, en Aranjuez/Colmenar de Oreja, Madrid (Oñate y Penedo, 2012, pp.51-61); La Peña II, en Saelices, Cuenca (Roberto, et al., 2011-2012, pp. 231-240; Morín y Roberto, 2014, pp.241-269), Casas de Luján II, en Saelices, Cuenca (Urbina, et al., 2013); Cuesta de la Virgen, 11, en Móstoles, Madrid (García-Entero, et al., 2011-2012, p.158); Tesoro de la Herradura, en Fuente el Saz del Jarama, Madrid (García-Entero, et al., 2011-2012, p.158), la ciudad hispanorromana de *Complutum*, en Alcalá de Henares, Madrid (García-Entero, et al., 2011-2012, p.159), en la villa de Carranque, Toledo (García-Entero, et al., 2011-2012, pp.155-172) entre otros lugares.

Cabe destacar que en el caso del área inmediata de *Caesarobriga*, se ha constatado la presencia de restos de estructuras destinadas a la elaboración de vino y/o aceite. En la villa de El Saucedo (Talavera La Nueva), durante las excavaciones desarrolladas en la campaña de 2002 en las estancias situadas al este del *oecus*, se pudo documentar la presencia de una prensa destinada a la presunta fabricación de vino. La instalación de dicha prensa se inscribe dentro de las profundas transformaciones llevadas a cabo en la *pars urbana* de la villa en el siglo V d.C. y que supusieron la conversión de los espacios residenciales en ámbitos de uso productivo entre los que se encuentra, además de la prensa citada, un *horreum* y un corral. El único elemento conocido es un contrapeso localizado aparentemente *in situ*. Se trata de una pieza de forma cilíndrica que presenta un encaje longitudinal, engrosado por un orificio central, en su parte superior y encajes con forma de cola de milano en sus laterales (García-Entero, et al., 2011-2012, p.159).

PRODUCCIÓN DE ACEITE Y VINO EN LA URBE DE CAESAROBRIGA

Solar J-010, de la Calle Lechuga

Los diferentes procesos de excavación y documentación han permitido establecer a grandes rasgos dos fases claramente diferenciadas. Una que se desarrolla durante el periodo altoimperial y otra durante la Antigüedad Tardía. La primera fase corresponde con estructuras de época altoimperial; se trata de un conjunto de estructuras murarias que conforman un hábitat de trazado ortogonal con orientación N-S y E-W. Las características constructivas son similares a otros de ésta época ya documentados en otras intervenciones del entorno (Pacheco,), se trata de muros de una anchura media de 50 cm realizados con una buena mampostería trabada con mortero de cal y un revestimiento de cal o pintura mural. Una vez desplomadas las cubiertas y abandonados los espacios, con posterioridad fueron levantados nuevos muros que reorganizaron los espacios. Además, a partir de la información obtenida durante las intervenciones es presumible, que se trataba de estancias residenciales que se encontraban orientadas en torno a un patio o espacio abierto centralizado. En el extremo sur, fue documentado un pozo de planta cuadrangular de 90 x 45 cm, realizado mediante grandes sillares de granito, el sillar dispuesto en la cara norte de 1,10 x 0,30 m viene a marcar el nivel del suelo y pavimento original.

Durante la segunda fase se produce una reestructuración de los espacios en torno a finales del siglos III y comienzos del IV d.C., momento que coincide con un proceso de reformas en la edilicia del resto de la *urbe*. El conjunto se define estructuralmente por varios espacios en donde se pueden apreciar los elementos distintivos de una instalación industrial. Pertenecen a éste complejo industrial un espacio destinado al prensado (*torcularium*); donde se encuentra un pavimento de *opus signinum* con el *ara*, de planta circular, en el centro y el *lapis pedicinus* en uno de los extremos ubicado junto a un muro, donde es presumible que se encontraban sujetos los brazos de los mecanismos de prensado (*prelum*). Estos estarían bien sujetados entre dos vigas (*arbores*) colocadas en la vertical y adosadas a citado muro. Al este, un orificio practicado en el *opus signinum* servía de desagüe a través de un canal (*canalis*) atravesando un muro colindante hasta un tanque de recogida del producto prensado (*lacus*) de planta cuadrangular estructurado en dos niveles. Uno inferior de 1,20 x 1,00 m y otro superior de 2,10 x 2,10 m. En el sector central y meridional del solar fueron localizados los restos de otro pavimento de *opus signinum* que debió pertenecer a otro habitáculo con orientación norte-sur y cuya longitud máxima documentada era de 3,50 m y que debió estar vinculado al proceso de transformación del *torcularium*. Por su parte, el patio originario de la primera fase fuese destinado a la recepción, preparación y trabajo inicial de la materia prima, no debiendo excluirse la posibilidad de este ámbito que abarcara igualmente funciones de almacenaje o *tabulatum*. De igual modo, otras estancias y el pozo fueron reutilizados durante el periodo de funcionamiento del *torcularium*.

Cabe mencionar que la mayoría de las estructuras se encontraban alteradas por varios hoyos basureros de cronología medieval como es el caso del fondo de la pileta (*lacus*) o los mencionados restos de pavimentos de *opus signinum* que han impedido obtener una mayor visión de conjunto de los restos.

[Fig. 2] Zona de prensado y pileta (Foto: A. Moraleda y C. Pacheco)

Solar en el sector W de la Calle Lechuga

En otra intervención arqueológica de urgencia desarrollada en un solar inmediato al anterior fueron documentadas varias estructuras de semejantes características y evolución cronológica a las estructuras halladas en el solar J-010. El conjunto se define estructuralmente por varios espacios donde se pueden apreciar los elementos distintivos de una instalación industrial asociadas a otro torcularium.

[Fig. 3] Zona de prensado con la pileta al fondo (Foto: A. Moraleda y C. Pacheco)

En primer lugar y encuadrado en el espacio 5, se halló un depósito (*lacus*) de planta rectangular de 4,80 x 0,70 m con un borde de 0,25 m y 0,72 m de profundidad realizado en mampostería ordinaria y *opus signinum*, que se interna en el espacio 2. En su interior y en torno al centro se localizaba un fuste apoyado sobre una basa con bocel que servía para dividir el depósito. A 0,40 m al sur del depósito se encontraba el *torcularium*. La estructura tenía una planta rectangular de 2,40 x 2,00 m. En el centro se encontraba el *ara*, de planta circular, con 0,90 m de diámetro y ligeramente elevado del resto del suelo. Al norte, frente al *ara*, se localizaba el *lapis pedicinus*, formado por dos bloques de granito de 0,50 x 0,44 m con sendos rebajes rectangulares de 0,26 x 0,14 m donde estaban instalados los *arbores*. Al sur, había una pileta de 0,90 x 0,60 x 0,83 m revestida de *opus signinum*. En su interior y al este, un pequeño rebaje de sección cónica y planta circular de 0,30 m de diámetro x 5 cm de fondo que serviría probablemente para retener impurezas, residuos u otros elementos que se pudiesen encontrar en ella y facilitar su limpieza. En este sentido, es muy probable que ésta estructura a modo de pileta se tratase del *arca lapidum*, es decir, donde se alojaba el contrapeso de la viga.

Yacimiento de Entretorres

Durante los trabajos de excavación desarrollados durante las campañas de 2001-2007 en el yacimiento urbano de Entretorres[4], al oeste y muy próximo a los anteriores conjuntos descritos, fueron documentadas varias estructuras que pudieron estar asociadas a dichos complejos productivos. Por una parte, fue documentado un pavimento de *opus signinum*, el cual pudo servir como *calcatoria* u otra función relacionada. Tal y como sucede con las anteriores estructuras en las que se aplica *opus signinum*, fue construido en *opus caementicium*, donde se aplicó un primer enfoscado con base de arena de matriz ígnea, mezclada con cal y materia orgánica, y a la cual se añadió una capa de *opus signinum*. Además, las esquinas verticales son redondeadas y en las uniones de las paredes y del fondo fueron aplicados baquetones a cuarto bocel, aspectos técnicos que facilitaban las tareas de limpieza.

Por otra parte, se descubrieron los restos de un gran espacio de planta rectangular de unos 6 m de longitud por 2 m de ancho en el que se hallaron los restos de una *dolia* y que pueden interpretarse como una presumible *cella olearia* o *vinaria*. Sin embargo, la imposibilidad de excavar por completo este espacio nos impide afirmar con seguridad ésta hipótesis a esperas de que futuras intervenciones arrojen luz sobre esta cuestión.

---

4 El yacimiento de Entretorres (Talavera de la Reina, Toledo) es un importante conjunto urbano que conserva varios lienzos del recinto medieval amurallado situado en el sector suroeste de la ciudad que viene siendo objeto de excavaciones sistemáticas por parte de la Junta de Castilla-La Mancha y el Excmo. Ayto. de Talavera a través de un equipo dirigido por Alberto Moraleda Olivares, Sergio Martínez Lillo y Sergio Sánchez Sanz.

[Fig. 4] Posible cella olearia con dolia en el centro (Foto: A. Moraleda)

[Fig. 5] Pavimento de opus signinum (Foto: A. Moraleda)

CONCLUSIONES

Las intervenciones arqueológicas desarrolladas en torno a la calle La Lechuga de Talavera de la Reina han permitido dar a conocer un importante complejo productivo destinado a la elaboración de aceite y posiblemente también a la del vino; actividad desarrollada a lo largo de los siglos III y V d.C. A pesar de la certeza de haber excavado espacios puntuales del sector SW de la urbe de *Caesarobriga* y del arrasamiento casi total de las estructuras, debido a la reutilización de espacios y procesos de destrucción posteriores, podemos establecer algunas conclusiones acerca del papel que se pudo desarrollar en establecimientos de éste tipo. El conjunto productivo de la calle La Lechuga, situado junto a la margen derecha del Tajo, producía aceite y probablemente vino, y gracias a su emplazamiento tuvo oportunidad de dar salida a sus productos a través de una importante red de caminos que sin duda permitían tanto el intercambio comercial a corta distancia, en los mercados locales, como a mayor escala.

El hecho de no existir una tipología lo suficientemente bien definida que permita distinguir con exactitud el lagar de vino y la almazara de aceite en época romana supone un problema. La información suministrada por las estructuras y materiales documentados y los estudios paleobotánicos pueden permitir una aproximación más concreta pero debe ser complementada con el estudio del contexto histórico y geográfico. En este sentido, respecto a los datos paleobotánicos es importante señalar los que proceden de la cercana villa de El Saucedo (López, et al., 2009, pp.106-109 y Castelo, et al., 2010-2011, pp. 205-236) que indican una mayor tendencia a la producción oleícola frente al viñedo.

El volumen de información actualmente disponible para analizar el fenómeno de la elaboración de aceite y vino en el interior de *Hispania* y concretamente en *Caesarobriga* resulta muy limitado. Las intervenciones arqueológicas llevadas a cabo en las últimas décadas tanto en ámbito urbano como rural permiten ir conociendo algunos datos sobre éste tipo de producciones. No obstante, los escasos datos hoy disponibles no permiten realizar un estudio tecnológico regional ni un análisis de la organización de la producción de aceite y vino en el *territorium* de *Caesarobriga*.

La romanización de los campos del territorio de *Caesarobriga* implicó la introducción de la labranza del olivo y la viña, al menos la de su extensión y diversificación, perdiendo el aceite y el vino progresivamente su carácter de producto importado a nivel local. En la segunda mitad del siglo I d.C., concretamente a partir del período Flavio, momento durante el cual *Caesarobriga* adquiere el estatus de *municipium*, la extensión y vulgarización del olivar y la vid generó la autosuficiencia y el consecuente autoconsumo en las diferentes regiones de las distintas provincias del Imperio, generalizándose el consumo de ámbito local e regional (Tchernia, 1986, p.125 ss). Por tanto, es en este contexto generalizado de autosuficiencia productiva en la que se debe entender la producción de aceite y vino en *Caesarobriga*.

Para concluir, podemos indicar que el complejo de transformación de *Caesarobriga* consiste en un sitio con características eminentemente agrarias, relacionadas con la explotación de un territorio y de los recursos asociados al mismo, y con una cronología de ocupación comprendida entre finales del siglo III d.C. y comienzos del V d.C. Durante este tiempo la producción de vino en *Caesarobriga* parece haber superado los límites del autoabastecimiento. Así mismo, esta clase de establecimientos con carácter urbano, sea de forma autónoma o integrando otros de tipo de complejos de transformación, actuarían como células económicas y de producción en el *ager* de *Caesarobriga*, funcionando la urbe como centro de producción, consumo y distribuidor a otros enclaves rurales. Sin embargo, la ausencia actual de datos sobre el modo de transporte y distribución de estos productos imposibilita el conocimiento sobre el volumen comercial a nivel local y regional.

BIBLIOGRAFÍA

ANDREU, J. (2004). Apuntes sobre la Quirina Tribus y la Municipalización Flavia de Hispania. *Revista Portuguesa de arqueología*, Vol. 7, 1, 343-364.

ARIAS, G. (1987 y 2004). *Repertorio de todos los caminos de la Hispania Romana*. Madrid.

BENDALA, M. (1999). Notas sobre Caesarobriga (Talavera de la Reina) y su problemática geopolítica en la antigüedad. *Cuadernos de Prehistoria Arqueología de la Universidad Autónoma de Madrid*, 25,2, 131-144.

CARRASCO, G. (1995). Comunicaciones romanas del ámbito provincial de Toledo en las antiguas fuentes itinerarias. *Espacio, Tiempo y Forma*, serie II: Historia Antigua, 8, 299-313.

CARRASCO, G. (2002). *Viaria romana y mansiones de la provincia de Toledo: Bases para su estudio*. Actas del V Congreso Internacional de Caminería Hispánica. Vol. I, (pp.75-85). Guadalajara, Aache.

CASTELO, R., LÓPEZ, J.A., LÓPEZ, A.Mª., PEÑA, L., RUIZ, M., LÓPEZ, L., PÉREZ, S., LIESAU, C., GARCÍA, R., GÓMEZ, J.C. Y MANGLANO G. (2010-2011). Una aproximación interdisciplinar a las actividades agropecuarias y cinegéticas de un asentamiento rural lusitano: El Saucedo (Talavera La Nueva, Toledo). *Boletín de la Asociación Española de Amigos de la Arqueología*, 46, 205-236.

FERNÁNDEZ, M. et al. (1990). *Alio itinere ab Emerita Caesaraugusta. La vía romana entre Talavera de la Reina y Toledo y la implantación humana en el valle medio del Tajo*. Simposio sobre la red viaria en la Hispania Romana (pp.155-164). Zaragoza: Institución Fernando el Católico.

GARCÍA-ENTERO, V., PEÑA, Y., FERNÁNDEZ, C. Y ZARCO, E. (2011-2012). La producción de aceite y vino en el interior peninsular. El ejemplo de la villa de Carranque (Toledo). *De vino et oleo Hispaniae, Anales de Prehistoria y Arqueología*, 27-28, 155-172.

GONZÁLEZ-CONDE, Mª.P. (1986). Elementos para una delimitación entre Vettones y Carpetanos en la provincia de Toledo. *Lucentum*, V, 87-93.

LÓPEZ, J.A., PEÑA, L., LÓPEZ, L., GARCÍA, E., PÉREZ, S., GARCÍA-ENTERO, V. Y CASTELO, R. (2009). Paisajes culturales de las villas romanas de Toledo. *Cuadernos de la Sociedad Española de Cienciencias Forestales*, 30, 101-106.

MANGAS, J. Y CARROBLES, J. (1992). La ciudad de Talavera de la Reina en época Romana. *Actas de las primeras jornadas de arqueología de Talavera y sus antiguas tierras* (pp.95-114). Toledo: Diputación Provincial.

MARTÍNEZ, J.I. (2006). *El vocabulario de los asentamientos rurales (siglos I-IX d.C.): Evolución de la terminología*. En Chavarría, A., Arce, A. y Brogiolo, G.P. (Eds.), Villas tardoantiguas en el Mediterráneo Occidental. Anejos de AnEspA, XXXIX. Madrid, CSIC, 113-132.

MORALEDA, A. MARTÍNEZ, S. Y SÁNCHEZ, S. (2001). *Informe correspondiente a la campaña de intervención arqueológica del año 2001 en el yacimiento de "Entretorres" (Talavera de la Reina)*. Consejería de Cultura de la Junta de Castilla-La Mancha, inédito.

MORALEDA, A. Y PACHECO, C. (1991). *El puente romano de Talavera de la Reina*. Excmo. Ayuntamiento de Talavera de la Reina.

MORALEDA, A. Y PACHECO, C. (1998). *Hallazgo de un Hércules de bronce en Talavera*. Revista de Arqueología, 211, 58-61.

MORENO, F. (1990). *Notas al contexto de Arroyo Manzanas (Las Herencias, Toledo)*. Actas del I Congreso de Arqueología de la provincia de Toledo (pp.277-308). Toledo: Diputación Provincial.

MORÍN, J. Y ROBERTO, R. (2014). *La Peña II. Una explotación vitivinícola en el ager de Segóbriga (T.M. Saelices) ss. I-III d.C*. En: Morín, J. (Ed.). MArqAudema. *Los paisajes culturales en el valle del Cigüela*, 241-269.

OÑATE, P. Y PENEDO, E. (2012). *La producción vinícola en la villa romana de Casa de Rodas/Los Callejones (Aranjuez y Colmenar de Oreja)*. Actas de las VI Jornadas de Patrimonio Arqueológico de la Comunidad de Madrid (pp.51-61). Madrid: Servicio de Documentación y Publicaciones.

PACHECO, C. (2002). *Fortificaciones y vías de comunicación en época romana y altomedieval en la zona de Talavera de la Reina (Toledo)*. En M. Criado de Val (Coord.), Actas del V Congreso Internacional de Caminería Hispánica, vol. I, (pp.53-74). Guadalajara: Aache.

PACHECO, C. (2004). *Informe de intervención arqueológica en solar de C/ La Lechuga nº 1 de Talavera de la Reina (Toledo) 2ª Fase*. Consejería de Cultura de la Junta de Castilla-La Mancha, inédito.

PACHECO, C. Y MORALEDA, A. (1997). *Aportación al estudio de estructuras termales en Talavera de la Reina (Toledo)*. En Pérex, M.J. (Ed.), Termalismo antiguo: I Congreso peninsular (pp.427-436). Madrid: UNED-Casa de Velázquez.

PACHECO, C. Y MORALEDA, A. (1999). *Informe sobre intervención arqueológica en sector oeste de la Calle Lechuga (Talavera de la Reina, Toledo)*. Consejería de Cultura de la Junta de Castilla-La Mancha, inédito.

PACHECO, C. Y MORALEDA, A. (2000). *Informe de la intervención arqueológica en el solar J-010, de la Calle Lechuga (Talavera de la Reina, Toledo)*. Consejería de Cultura de la Junta de Castilla-La Mancha, inédito.

PACHECO, C., MORALEDA, A. Y DE LA VEGA, M. (2001). *El Hércules de Talavera de la Reina: religiosidad romana en la provincia de Toledo*, En II Congreso de Arqueología de la provincia de Toledo. La Mancha Oriental y la Mesa de Ocaña (pp.167-182), Vol. II. Toledo: Diputación Provincial.

ROBERTO, R., LÓPEZ, F. Y MORÍN, J. (2011-2012). La Peña II. Una unidad de producción rural en el entorno de Segobriga (Saelices, Cuenca). *De vino et oleo Hispaniae, Anales de Prehistoria y Arqueología*, 27-28, 231-240.

ROBERTO, R., MORÍN, J., LÓPEZ, F. Y AGUSTÍN, E. (2011-2012). Producción vitivinícola en el ager de Complutum. El caso de Val de la Viña (Alovera, Guadalajara). *De vino et oleo Hispaniae, Anales de Prehistoria y Arqueología*, 27-28, 209-218.

RUIZ, J.A. Y OCAÑA, A. (2011-2012): Estructuras de transformación agrícola en el barrio de Santa María en Alcázar de San Juan (Ciudad Real). *De vino et oleo Hispaniae, Anales de Prehistoria y Arqueología*, 27-28, 241-252.

SÁNCHEZ, E. (2007). *Los confines de la Vettonia meridional: identidades y fronteras*. En Carrasco, G. (Coord.). *Los pueblos prerromanos en Castilla-La Mancha*. Cuenca: UCLM, 107-164.

TCHERNIA, A. (1986). *Le vin de l'Italie Romaine*. Bibliothèque des Écoles Françaises d'Athènes et de Rome, 261. Roma: École Française de Rome..

URBINA, D. (2001). *Talavera de la Reina en la antigüedad. Una ciudad romana de los orígenes al siglo V d.C*. Talavera de la Reina: Excmo. Ayuntamiento.

URBINA, D. (2007). El nacimiento de una ciudad: Los romanos en Talavera de la Reina. En: Gómez, R. (Coord.). *Talavera en vivo, ciclo de conferencias 2004*. 104-123.

URBINA, D., URQUIJO, C., GARCÍA, O. Y SÁNCHEZ, A. (1992). *Introducción al estudio de las fuentes de abastecimiento de hierro en el yacimiento prerromano de Arroyo Manzanas*. Actas de las I Jornadas de Arqueología de Talavera de la Reina y sus tierras (pp.307-320). Toledo: Diputación provincial.

URBINA, D., MORÍN, J., URQUIJO, C., R. DE ALMEIDA, R., AGUSTÍ, E. Y LÓPEZ, F.J. (2013). *Excavaciones en Casas de Luján II. Balnea, almazaras y alfares en el territorio segobricense*. En: Urbina, D. y Morín, J. (Eds.). MArqAudema. Serie Mundo romano/Antigüedad tardía: Madrid.

ZARZALEJOS, M., FERNÁNDEZ, C. HEVIA, P., (2005). *El proyecto Sisapo-La Bienvenida (Almodóvar del Campo, Ciudad Real). Balance de los trabajos más recientes y nuevas perspectivas de la investigación*. En Investigaciones arqueológicas en Castilla-La Mancha, Toledo, 163-180.

EL SIMPLE ZUMO DE UVA, EL *VINA*, LOS *VINA DULCIA, VINA COCTA*, FIELES TESTIGOS DE VIDA

Gema Vallejo Pérez[1]

CATANDO EL VINO

El sabor de un vino se disfruta mediante la cata, del latín *captare*, captar por los sentidos, y con la mediación de los sentidos, se saborea, degusta el vino. En esa degustación intervienen tres sentidos principalmente: la vista, el olfato, y el gusto; pero también el **tacto**, ya que la lengua posee este sentido y nos puede dar información sobre su densidad, temperatura, turbidez…. Primero, se descorcha la botella y comprobamos que el corcho esté ligeramente humedecido por el vino y su aroma envinado. Posteriormente, servimos el vino en una copa y la agitamos suavemente, apreciando su brillo, la intensidad de su color y sus matices. Aproximamos la nariz a la copa para identificar los aromas del vino. Al remover la copa se airea todo un alambique de aromas. Los mejores vinos son siempre aromáticos y complejos, y se van abriendo, se expanden o aparecen en la copa, haciéndose más expresivos a medida que hacen contacto con el aire.

Finalmente, procedemos por fin a degustar el vino en boca, para ello bebemos lentamente una pequeña cantidad de vino. El primer contacto es en los labios. Si apretamos el vino contra el paladar encontramos las sensaciones dulces en la punta de la lengua, las ácidas y amargas, en los laterales, y los amargos, en la parte posterior. Una vez la copa está vacía, la historia aromática no se detiene: hasta la última gota perdida en el fondo de la copa todavía dirá alguna cosa.

---
[1] Facultad de Derecho. Universidad de León.
gemavallejo@yahoo.es

EL VINO EN ROMA

El vino es y será un autentico compañero del hombre a lo largo de los tiempos, pues un vino honrado es una alegría para el corazón y un solaz para el espíritu. Hay quien dijo *"el que al mundo vino y no toma vino: ¿a qué vino?"* Y Virgilio, sabio poeta y amante del vino y el placer, aconsejaba: *"De esta vida hay que irse como el convidado a un buen banquete: harto"* y seguidamente añadía: *"que nunca tu copa esté vacía"*. Horacio, por su parte, consideraba el vino como un placer que uno debe disfrutar en compañía de amigos y en un marco festivo.

Si el dios del vino (sea el griego Dyonisos, el romano Baco) nos lo permite, en esta comunicación vamos a hacer un sucinto repaso de algunas de las muchas y variadas huellas que los romanos nos han dejado del vino.

El entusiasmo de los romanos por el vino es legendario. El vino jugó un papel fundamental en la antigua Roma, en su vida diaria, en sus costumbres y en su economía y también en su final pues se ha atribuido precisamente al vino la caída del imperio romano. Plinio consideraba que había en Roma más de 180 clases de vino y el consumo individual en esa época se ha estimado en 1 a 5 litros por persona por día. La intoxicación por vino, que no la embriaguez, sino el *saturnismo* o plumbosis provocado por la por la ingesta de plomo, causó trastornos mentales, como los célebres casos de Calígula, Nerón o Catón, e incluso la muerte de muchos ciudadanos romanos (JEROME NRIAGU, 1983). Sin embargo, una revisión de Scarborough, criticó el trabajo concluyendo que, a pesar de las antiguas autoridades estaban al tanto de la intoxicación por plomo ésta no era endémica en el imperio romano, ni provocó su caída. Lo que es incuestionable es que la caída del Imperio Romano es un fenómeno excesivamente complejo como para simplificarlo atribuyéndolo a una sola causa, en (SCARBOROUGH, 1985). Los romanos, ávidos del vino, sucumbieron intoxicados por el plomo que se encontraba en las vasijas en las que se preparaban los mostos, y en las ánforas que se usaban para el transporte del vino.

Sin despreciar, la compleja producción del vino desde el cultivo de la vid y la recolección de la uva, hasta su transformación y almacenamiento, de la que existen numerosos testimonios en los restos arqueológicos y en la literatura latina, vamos a examinar los valores sociales que se asociaron a su consumo, su relación con la mitología y con el saber popular.

EL VINO COMO ALIMENTO

El vino es un alimento en la medida que forma parte de nuestra dieta (tiene propiedades energéticas, es fruitivo, produce placer, luego es un alimento) (GARCÍA DE LA SERRANA, 2002). Efectivamente, el aceite, el pan y el vino forman la triada alimenticia básica mediterránea, y constituyen un factor de identidad de las culturas de los pueblos que habitaron el Mediterráneo, caracterizando su geografía por el cultivo del olivo, la vid y el trigo y atribuyendo a cada uno de ellos una deidad religiosa (en el mundo romano Baco para el vino, Ceres para el pan y Minerva para el aceite).

De los tres, resulta indiscutible la mayor importancia del pan y el vino materializada en nuestro refranero popular *"con pan y vino se anda el camino"*. Ya Virgilio, en su libro I de las Georgicas destaba la importancia de estos dos alimentos *"Baco y Ceres benéfica, por quienes, por cuyo don fecundo la tierra aún salvaje abandonando su silvestre traje pudo de espigas coronar sus sienes; y al vaso de agua pura, cristalino, incorporar el inventado vino"*.

La importancia del vino en la cocina romana ha llegado a nosotros a través de la obra de Apicio, *De re coquinaria*. En este "recetario" podemos encontrar casi trescientas menciones explícitas al vino, lo que muestra su extraordinaria presencia en la gastronomía romana, no sólo como bebida sino como alimento. Las formas en las que se empleaba el vino eran muy variadas de forma pura, mezclado con miel o con agua, cocido o condimentado con especias, *la misma variedad la encontramos en los múltiples usos del vino:* aderezar, elaborar salsas, guisar, marinar, y caramelizar y también para conservar alimentos (LEJAVITZER, 2007).

Quizá de todos los usos del vino en la cocina romana, el más llamativo es el de la preparación de medicamentos. Los usos medicinales del vino también están presentes en nuestro refranero popular: "*el vino alegra el ojo, limpia el diente y sana el vientre*". Así, el Libro III que lleva por título "Cepuros" nos propone los siguientes potajes para el vientre con vino "*Cocer en agua acelgas troceadas y puerros frescos. Poner en una cacerola. Picar pimienta, comino, rociar con garum y vino de pasas para endulzarlo. Dejar que hierva, y después servir*". También nos propone, como "*otra receta para el vientre*" (*aliter ad ventrem*), "*Limpiar unos manojos de acelgas, sin lavar. Echar en su interior carbonato sódico, atar los manojos y ponerlos en agua. Durante su cocción, moverlos y echar por encima vino de pasas o careno, comino, pimienta y un poco de aceite. Cuando hierva, triturar polipodio, trozos de nueces y garum; echarlo en la cacerola hirviendo y taparlo. Retirar inmediatamente, y consumir*".

El vino paso, el careno y el garo tenían propiedades terapéuticas ampliamente reconocidas por la antigua dietética.

EL VINO COMO BEBIDA. PEQUEÑO CATÁLOGO DE VINOS ROMANOS

Los romanos eran grandes y exigentes bebedores de vino. En Roma aparece verdaderamente el culto al vino, hasta el punto de que la elección de los vinos para un banquete se discutía largamente, aplaudiéndose y comentándose las elecciones bien hechas. Ello pudo ser consecuencia de la rica variedad de vinos que se podían degustar en Roma. El escritor latino Marcial dedica el libro XIII de sus Epigramas —intitulado Xenia— 20 poemas alusivos a un único tema: el vino. Cada uno de ellos se refiere a un tipo distinto de vino: de mesa, de cocina, puro, endulzado, medicinal, italiano o extranjero (LEJAVITZER, 2004).

Este conjunto de epigramas (del 106 al 125) comprende una amplia carta de vinos de vinos: Por orden de aparición, el vino de pasas, el píceo, el mulso, el albano, el sorrentino, el falerno, el setino, el fundano, el trifolino, el cécubo, el signino, el mamertino, el tarraconense, el nomentano, el espoletino, el peligno (casi tan malo, como un vinagre), el vinagre egipcio, el vino masilitano, el ceretano y el tarentino.

El catálogo empieza con el *passum*, elaborado de uvas pasas secadas al sol; este vino —muy dulce y perteneciente a la clase de los vinos cocidos— fue empleado en la cocina como sustituto de la miel. Marcial menciona el proveniente de Cnosos, en Creta, el cual, junto con el de Egipto, fue uno de los más apreciados por los romanos. El escritor y agrónomo Columela en su obra De Re Rustica explicaba cómo había que hacer el passum: Sobre un lecho de ramas, separada algo del suelo se ponían a secar al sol las uvas, que se cubrían de noche para evitar que les afectara el rocío. Una vez secas se meten en un recipiente, cubriéndolas con jugo de uva, y se dejan macerar durante seis días, tras lo cual se prensa y se saca el líquido (passum). Los restos se mezclan con otras uvas secas y se dejan macerar tres días, y se vuelve a prensar obteniéndose así un secundarium passum. En ambos casos se dejan los recipientes abiertos durante unos 20 días, tiempo que dura la fermentación, para posteriormente sellar y cerrar de forma hermética las ánforas.

Después se cita al *picatum*, llamado así por su singular sabor a pez o brea, originario de la antigua ciudad de Viena. Este vino, perteneciente a *vina condita* (vinos especiados), se caracteriza por un gusto dulce y resinoso, los cuales, además de resinas, incluían pimienta, azafrán, mirto y otras especias en su composición.

Seguidamente se refiere al *mulsum*, vino endulzado con miel, que se elaboraba mezclando miel de primera calidad, como la proveniente del monte Himeto en el Ática, con un vino también de óptima clase, en especial el falerno o el másico: *"Enturbiáis, mieles áticas, el nectarino falerno. Este vino conviene que sea mezclado por Ganímedes".*

El mulsum era una bebida muy apreciada por los romanos al que se le atribuían grandes virtudes. Plinio el Viejo escribió en este sentido: «Muchos consiguieron un gran envejecimiento sin otro sustento que pan mojado en Mulsum. Potion Romulus es un ejemplo famoso. Tenía más de cien años cuando el divino Augusto, su huésped, le preguntó cómo había logrado conservar tanto vigor de espíritu y de cuerpo: "con vino mezclado con miel por dentro, y con aceite por fuera", contestó».

Al *merum*, dedica varios epigramas, al vino en estado puro, que no está mezclado con agua ni endulzado con miel o, dicho de otro modo, no adulterado por ningún tipo de ingrediente ni conservante. Los vinos puros mencionados son, en su mayoría, italianos. De la región de Campania provienen el sorrentino, el falerno (en ocasiones también llamado másico, y representante por antonomasia del vino de óptima calidad), y el trifolino, que aluden al lugar de procedencia del vino: Sorrento, Falerno y Másico. *XXVII.- Bebe buen falerno: Nepote, dos veces vecino —puesto que vives también cerca de Flora y también en la vieja Ficelias—, tienes una hija, cuyo rostro está marcado por el retrato de su padre, que da testimonio de la castidad de su madre. Tú, con todo, no tengas demasiada consideración con el añejo falerno y, mejor, deja las tinajas llenas de monedas. Que tu hija sea piadosa, que sea rica, pero que beba mosto: el ánfora ahora nueva se hará vieja junto con su dueña. Que los vinos cécubos no alimenten únicamente los huérfanos: pueden también vivir los padres, créeme.*

También el vino ceretano, proveniente de la célebre ciudad de Cerveteri, ubicada en la actual Toscana, fue un vino de extraordinaria calidad, lo cual hacía que Nepote, amigo y vecino de Marcial, sólo compartiera estos vinos con sus más allegados: "*no los sirve a la turba, sólo con tres los bebe*".

De la región del Lacio, están el albano, un vino de excelente calidad, proveniente del pueblo de Alba; el setino, originario del pequeño poblado de Setia, vino favorito del emperador Augusto; el fundano o cécubo, vino de gran calidad, estimulante y vigoroso. Por contraposición, y también de la región del Lacio, el vino nomentano, de Nomento, de pésima calidad. También, el vino procedente de Signia, que producía un vino medicinal de propiedades astringentes (REAL TORRES, 1992): "*¿Beberás vinos signinos que detienen el vientre suelto? Para que no lo detengan demasiado, que sea parca tu sed*".

Por el contrario, y pese a las propiedades medicinales de los vinos, también conocían que los excesos del vino eran perjudiciales para la salud: *XCVI.- Quiero curarte, no robarte: El médico Herodes le había substraído a un enfermo un cazo de trasegar vino. Pillado in fraganti, dijo: "Necio, ¿pero es que bebes?". LXXVIII.- Prefirió beber: Bebedor notorio, Frige era, Aulo, tuerto de un ojo y legañoso del otro. A éste el* médico Heras le tenía dicho: "Cuidado con beber; como bebas vino, no verás nada". Entre risas, dijo Frige a su ojo: "¡Cuídate!". Y sin pérdida de tiempo se hace preparar unos cuartillos, pero bien seguidos. ¿Preguntas por el resultado? Frige bebió vino; el ojo, veneno".

Otras regiones también tienen su espacio en este pequeño catálogo de vinos: Umbría, con el espoletino, originario de Espoleto; Sicilia, con el mamertino, vino dulce y ligero de la ciudad de Mesina, y Apulia.

Entre los vinos puros también aparecen los tarraconenses, originarios de Hispania Tarraconense, que Plinio en su Historia Natural equiparaba a los mejores caldos italianos por su calidad (REVILLA, 1998). Ovidio sin embargo, despreciaba los vinos hispanos, calificándolos de baja calidad sólo aptos para los niveles inferiores de la sociedad y para ciertos usos, en tanto que sólo servían para provocar una borrachera. En el mismo contexto se señale el consumo de vinos de calidad (itálicos) que se reservan a los personajes importantes. Lo mismo se deduce de las formas de adquisición: el vino layetano, por ejemplo, se clasifica entre los más modestos porque se adquiere en pequeñas cantidades en tabernas o se incluye entre regalos ofrecidos a gente de bajo status. Plinio el Viejo destaca entre los vinos hispanos de prestigio el lauronense.

Finalmente, Marcial hace alusión al vinagre de Alejandría. El *acetum*, es la última fase de la línea evolutiva del vino, cuando éste deja de serlo, porque se ha convertido en un producto diferente. Sin embargo, lejos de ser considerado un vino echado a perder, ha sido un condimento y un conservante muy estimado por sus múltiples usos y propiedades, por lo que Marcial ordena: *"no desprecies el ánfora de vinagre del Nilo: cuando era vino, ella fue más despreciable"*.

Las ostras crudas se lavaban en vinagre para evitar la salmonelosis, e incluso podemos leer en Suetonio Tranquilo, en Vida de los Doce Césares Cal. II Parte XXXVII, con referencia a Calígula *"Sus prodigalidades superaron la extravagancia de los más pródigos. Inventor de una nueva especie de baños, de manjares extraordinarios y de banquetes monstruosos,…; tragaba perlas de crecido precio disueltas en vinagre"*.

Siguiendo las singulares locuras de amor de Cleopatra y Marco Antonio. Cleopatra ofreció a Marco Antonio una cena de diez millones de sestercios. La cena fue espléndida, pero no llegaba ni con mucho a ese presupuesto. Entonces, Cleopatra se quitó dos perlas de buen tamaño, y preguntó al general: "¿Cuánto crees que vale esta perla?". Antonio contestó que cinco millones de sestercios y Cleopatra, entonces, la echó en una copa de vinagre, que la disolvió, y se la bebió.

A partir del vinagre, también se obtenía la posca, bebida hecha a base de vinagre diluido en agua, constituía una bebida ligeramente ácida y refrescante, que era tomada por los soldados romanos pues que calmaba la sed y prevenía contra la disentería al eliminar los gérmenes.

Los poemas de Horacio son algunos de los ejemplos más antiguos conservados de elección deliberada del vino según la ocasión concreta. Ejemplos recogidos en sus Odas incluyen servir un vino de la cosecha del año de nacimiento para agasajar a un huésped importante, o servir vinos simples en ocasiones cotidianas reservando los vinos famosos como el cécube para conmemorar sucesos especiales. Otra referencia importante, tiene que ver con la datación de los vinos, *"el amo sorbe un vino filtrado en tiempos de un cónsul melenudo..."*. Es decir, la fecha del vino era dada por el nombre del cónsul y mientras más remoto el nombre de éste, mejor es el vino. Los vinos viejos siempre tenían éxito y cuanto más importante era la ocasión a celebrar, más viejo debería ser el vino.*XXXVI.- Día señalado con piedra blanca: … Escancia un falerno inmortal: votos como los míos piden vino de una tinaja añeja.*

Horacio nos habla de vinos con cuarenta y hasta sesenta años de vida. Las grandes cosechas eran comentadas e incluso bebidas durante largo tiempo. *Pimiano* (del año del consulado de Opimius, en el 121 a. C.) llegó a consumirse 125 años después. *LXXIX.- Un vino consular: He bebido hace poco un vino consular. ¿Preguntas cómo de añejo y generoso? Había sido encubado bajo un antiguo cónsul; pero quien convidaba, Severo, era cónsul él mismo. CV.- El vino añejo.-Ovidio, el vino que se cría en los campos nomentanos, siempre que llega a tener mucha edad, su añeja vejez le hace perder sus características y su nombre. Además, a una tinaja vieja puedes ponerle el nombre que quiera.*

Hasta aquí este breve catálogo de vinos romanos antiguos, según lo que nos dicen los epigramas de Marcial, pero el papel del vino en su poética resulta fundamental: por la inmensa riqueza simbólica que adquiere, como emblema de latinidad y metáfora de la civilización mediterránea, y por su vínculo indisoluble con el tan conocido tópico del carpe diem, cuyos ecos siempre se encuentran en el banquete y en la literatura del simposio.

EL VINO Y EL SIMPOSIUM

El vino ha estado íntimamente ligado a una de las instituciones culturales más trascendentes de la antigüedad: el simposio. Sin el vino, simple y sencillamente no es posible concebirlo, pues el symposion es precisamente el momento de beber juntos, y la bebida por antonomasia es el vino. El "simposio" ha dado lugar a una una verdadera literatura de género entre ls que destacan el "Banquete" de Platón, el de Jenofonte, las "Charlas de Sobremesa" de Plutarco, o el "Banquete de los sofistas" del Ateneo.

El simposio-que se traduce como "reunión de bebedores", tienen un relevante carácter social: es un momento de encuentro y entretenimiento en el que al placer de la buena mesa se une el de la conversación con los amigos, pero también sirve para mostrar la riqueza y posición social del anfitrión. El "simposio" está formado por dos partes: la primera parte está consagrada a la comida donde se saciaba el hambre con el alimento propiamente dicho, y la segunda parte que se inaugura con una libación -en muchos de los casos estas libaciones se hacían en honor del dios Baco- y se procedía a la ingestión de bebidas, sobre todo vino, mientras se desarrollaban todo tipo de distracciones que eran muy diversas, según los lugares y las épocas: conversaciones, audiciones musicales, espectáculos de danzas, etc.

Fue la principal diversión privada entre los romanos y el que convirtió al vino en una bebida imprescindible en cualquier festejo comunitario. La intención del simposio era disfrutar el placer estético del vino, para estar intoxicado sólo lo suficiente y tener la mente liberada de la inhibición y la conversación estimulada.

Y eso sólo se podía conseguir si toman el vino mezclado con agua. Una vez rebajado, podía estimular la conversación y provocar el alejamiento de las preocupaciones, del dolor, del temor y de todo mal. Y precisamente esa era la función del simposiarca: contener los excesos en lo concerniente a la bebida para que la celebración discurriera con normalidad y no se ofendiera la hospitalidad del anfitrión. El simposiarca o magister o rex convivio o arbiter bibendi (PÁEZ CASADIEGOS, 2009) determinaba en qué proporción debía mezclar vino y agua y cuando podía beber cada uno; si no había simposiarca el vino se bebía como gustaba a cada uno.

Pero, ¿cuál es la cantidad apropiada? ¿Cuándo hay que dejar de beber? Pues como dice uno de los más afamados enólogos del mundo, con el que coincidimos plenamente, Emile Peynaud *"saber beber forma parte del saber vivir"*. Ovidio recomendaba que el consumo de vino se realizara en su justa medida de forma que no te deje atontado el cerebro, ahogado por el mucho alcohol. Porque el exceso en la ingesta de vino podía, lejos de ayudar, perjudicar. Pues bien, algunos escritores latinos nos ilustran sobre la medida del beber. En este sentido, Apuleyo nos dice que tres copas son beneficiosas mientras que una cuarta ya supone la perdición (AMAT, 2006): *"Se cita a menudo la frase que pronunció un sabio a propósito de un banquete: -La primera copa es para aplacar la sed; la segunda, para la alegría; la tercera, para el placer; la cuarta, para la locura-"*.

Ya Platón en Las Leyes (Libro II) intentó aclarar cuál debía ser la utilización correcta de las *"reuniones con vino"* dentro del Estado. Es decir, cuándo y de qué modo podían emborracharse los ciudadanos. Para ello estableció una simbiosis entre vejez, canto, educación y vino, que se puede sintetizar como sigue. Hasta los dieciocho años, los niños no debían probar el vino porque *"no hay que llevar fuego sobre el fuego al cuerpo y al alma"* Y, luego, los jóvenes podían gozar del vino hasta los treinta años, pero sin llegar a la embriaguez total. Cuando el hombre alcanzase a los cuarenta años, tras haberse alimentado bien e invocado a los dioses, especialmente a Dioniso, podía recurrir al vino *"como remedio auxiliar contra la decrepitud de la vejez, para rejuvenecer y, de la mayor dureza, el carácter del alma se vuelva más blando por el olvido* del desánimo, como se vuelve el hierro cuando se coloca al fuego y se vuelve más dúctil".

Al que tomaba vino sin medida, lo llamaban «*bibax*», *bibosus*, *vinosus*, *vinolentus*, 'beodo que arrastra a sus comensales', y donde hay muchos *vinolentus* el festejo suele terminar con violencia. Y es pese al gusto de los romanos por el vino, el beber –en exceso– estaba mal visto, la ebriedad fue considerada como un vicio que no conoce clases sociales, por eso los romanos tenían una serie de mecanismos para disimularla. Según Marcial, los romanos solían masticar las hojas de laurel mientras que los habitantes de la ciudad de Síbaris, en la Magna Grecia, ingerían semillas de repollo. Los precavidos se dejaban acompañar por sus esclavos, los cuales tenían que cuidar de que sus dueños, ebrios no cometiesen algunas irreparables faltas.

DESPEDIDA

Una cata no termina con el último sorbo de vino. Es lo que se llama el 'recuerdo' de un vino, es decir, la persistencia de las sensaciones que nos ha dejado en los sentidos después de haberlo tomado que continúan y se alargan en el tiempo. Mientras mayor sea la persistencia mayor es la calidad del vino. Esperamos que esa comunicación, como la degustación de un buen vino, les deje un buen recuerdo. Muchas Gracias.

BIBLIOGRAFÍA

APICIO, M.G. (1987): *Cocina romana*, traducida por Bábara Pastor Artigues. Madrid. Editorial Coloquio, (Tercera Edición).

AMAT FLÓREZ, C. (2006): *"Embriaguez y moderación en el consumo de vino en la Antigüedad"* en Iberia: Revista de la Antigüedad, Nº 9, 2006. págs. 125-142.

BALLÉN MOLINA, R. (2010): *"La pedagogía en los diálogos de Platón"* en Revista Diálogo de Saberes, julio/diciembre, págs. 35-54.

CHIC GARCÍA, G. (1982): "*Consideraciones en torno a un ánfora encontrada en La Punta de la Nao, (Cádiz)*", en VVAA (1982) *Libro Homenaje al Prof. Dr. Hernández. T.I.* Sevilla. Universidad de Sevilla. págs. 51-56.

DIAZ FUNCHAL, E. (2011): *Historia del vino en la antigua Roma: el vino como alimento del espíritu de la civilización occidental.* Córdoba. ENDYMION.

HARTO TRUJILLO, M. L. (1996): *Vino y amor en la literatura latina*, Extremadura. Universidad de Extremadura: Servicio de Publicaciones.

LEJAVITZER LAPOUJADE, A. (2007): "*El vino en la gastronomía romana antigua: clases y usos en De re Coquinaria de Apicio*", en Revista Universum, Nº 22, Vol.1: págs. 12-19.

LEJAVITZER LAPOUJADE, A. (2004): "*La cava de Marcial: un pequeño catálogo de vinos antiguos*" en Nova tellus: Anuario del Centro de Estudios Clásicos, Nº 22, 2, págs. 51-65.

MARTÍN PUENTE, C. (2007): "*Vino, banquete y hospitalidad en la épica griega y romana*", Revista de Filología Románica, anejo V, 21-33.

MENÉNDEZ ARGÜÍN, A. R. (2002): "*Consideraciones sobre la dieta de los legionarios romanos en las provincias fronterizas del N.O. del Imperio*", Habis, Nº 33, págs.447-457.

MÉNDEZ AGUIRRE, V.H. (2007): "*Vino y Filosofía Moral*", Revista Universum. Nº 22. Vol. 1. págs. 62-71.

NRIAGU, J. (1983): "*La gota saturnina entre los aristócratas romanos: ¿El envenenamiento por plomo, contribuyó a la caída del Imperio?*", en New England Journal of Medicine, marzo, pág. 660 y ss.

PÁEZ CASADIEGOS, Y. (2009): "*Las razones del simposiarca: una aproximación a los misterios dionisíacos*", en Eidos: Revista de Filosofía, Nº. 9, págs. 166-197.

REAL TORRES, C. (1992): "*El vino como alimento y medicina en la sociedad romana, Fortunatae*": en Revista canaria de filología, cultura y humanidades clásicas, N° 3, págs.305-314.

REVILLA CALVO, V. (1998): "*Modelos económicos y modelos culturales en una sociedad provincial romana: el vino en Hispania*", en Boletim do CPA, Campinas, n° 5/6, jan./dez.

SANAHUJA YLL, M.E. y PRIETO ARCINIEGA, E. (1981): "*El papel de la mujer en las bacanales romanas*", en Memorias de historia antigua, N° 5, (Ejemplar dedicado a: Paganismo y cristianismo en el occidente del Imperio Romano), págs. 143-152.

SCARBOROUGH, J. (1984): "*El mito de la intoxicación por plomo entre los Romanos: Una revisión de ensayos*" en Revista de Historia de la Medicina, N° 39, págs. 469-475.

EXPERIMENTACIÓN EN EL TRATADO DE BELLOTAS PARA SU USO ALIMENTARIO. RECREACIÓN DE UNA PEQUEÑA FACTORÍA CELTIBERO-ROMANA.

Juan Carlos Batanero Nieto[1]

INTRODUCCIÓN

A través del presente estudio se ha intentado mostrar cómo un elemento ajeno a la industria alimentaria actual, ha podido tener un papel tan clave en épocas pasadas. Se trata de un producto asociado a una economía de recolección, que tuvo un espacio tan importante en una sociedad protohistórica y preurbana como fue la de los pueblos de la Celtiberia.

La experimentación comenzó a través del Laboratorio de Arqueología Experimental de la Universidad Autónoma de Madrid. Y el experimento en sí se recreó en las instalaciones de la empresa ABN patrimonio (www.abnpatrimonio.com), en Trillo (Guadalajara). Se pensó en recrear las posibles actividades de procesado del fruto, con los medios de la Segunda Edad del Hierro.

El objetivo principal es sustentar un primer paso para investigar la importancia que tuvo el procesado de la bellota en la Península Ibérica durante la Protohistoria, y la asociación con los elementos materiales que se pueden hallar en los yacimientos. Además de ello, se desea transmitir, que ciertas prácticas y elementos culturales indígenas pudieron sobrevivir con la presencia romana.

---

1 *Tutorizado por Corina Liesau. Universidad Autónoma de Madrid, Facultad de Filosofía y Letras, Departamento de Prehistoria y Arqueología*

LA BELLOTA Y SUS SIGNIFICADOS

La bellota ha sido un elemento vegetal clave en las economías antiguas de las poblaciones peninsulares. Probablemente, fue un sustento alimentario de primer rango por su gran valor nutricional en la alimentación humana y animal (Rodríguez Estévez *et al*, 2008).

Como muchos ancianos aún recuerdan, se trata de un alimento relacionado con el hambre pasado en España durante la Posguerra posterior a la Guerra Civil Española. Sin embargo, en la actualidad, es el símbolo de la calidad del jamón ibérico, con razas de porcino que se alimentan de la bellota caída entre los encinares de la dehesa extremeña.

Tras observar el recorrido histórico de la bellota, se verifica la diversidad de significados que se le han atribuido a lo largo de la Historia. Por ello, es probable que en nuestra sociedad resulte extraño que un fruto desvinculado de la industria alimenticia pueda haber tenido un lugar destacado en las culturas pasadas.

En la actualidad, los que más información han recopilado referente al mundo y la Historia de la bellota, son los integrantes del Proyecto Quercus (Universidad de Castilla-La Mancha). Sus estudios ha llevado a la luz una gran cultura ligada, no solo al consumo, sino a la simbología que supone el fruto en sí. Gran parte de la información etnográfica e histórica utilizada en este estudio proviene de su trabajo.

EL FRUTO DEL *QUERCUS*, LA BELLOTA EN EL MUNDO ANTIGUO Y EN LA PROTOHISTORIA

Se han documentado arqueológicamente muchos restos de consumo y tratamiento de bellotas. En la Península Ibérica, se conocen multitud de hallazgos desde el Neolítico hasta la Edad del Hierro (Buxó y Piqué 2008). Sin embargo, es durante la Protohistoria, cuando mayor variedad de información tenemos dentro del panorama mediterráneo.

Junto a los propios restos del fruto propiamente dicho, encontramos también un importante registro arqueológico asociado al aspecto ritual, además de notables citas en las fuentes clásicas dedicadas a la bellota. Platón, Plinio y otros la describen como un alimento consumido desde los primeros hombres (García Soler 2001). Posteriormente, el mismo San Isidoro, citando a los clásicos, realzará la importancia del fruto, afirmando que se trataba del primer alimento que utilizó la humanidad para alimentarse (*Etimologías; XVII, 7, 26*).

Aunque algunos autores como Alexis afirman que se trata de un alimento de pobres, parece ser que la bellota tenía un significado relacionado con la virilidad y la fuerza. Ello se puede observar en la historia que nos narra Herodoto (Pereira 2010), en la que los espartanos preguntan a la síbila de Delfos antes de invadir Arcadia, a lo que ella les responde:

"...¿Arcadia me pides?. Mucho me pides. No te la daré. En Arcadia hay muchos hombres que comen bellotas que te detendrán".

No obstante, es en el mundo celta peninsular donde más se observa la gran importancia de la bellota dentro de la paleoeconomía, como demuestran tanto las fuentes clásicas como la arqueología.

Así, según Estrabón (III, 3, 7):

"(...)los montañeses durante dos tercios del año, se alimentan de bellotas, dejándolas secar, triturándolas y luego moliéndolas y fabricando con ellas un pan que se conserva un tiempo (a partir de Torres Martínez 2010)"

Esta referencia pone de manifiesto la evidencia de una práctica paleoeconómica de primer rango dentro de aquellas comunidades. Se observa no solo el aprovechamiento alimentario de la bellota, sino la existencia de una serie de procesos para generar productos secundarios, lo que necesariamente implicaría la presencia de una serie de infraestructuras.

La arqueología ha refrendado la importancia económica señalada por los autores clásicos. No solamente se han encontrado restos del mismo en multitud de depósitos o almacenes (Torres Martínez 2003b: 38-39), sino también en los propios molinos, como es el caso de Numancia (Checa *et al.* 1999: 66-67), lo que sustenta en parte la utilización del fruto para productos secundarios.

Con los primeros estadios de la dominación romana, es muy probable que muchas prácticas indígenas permanecieran en la naciente sociedad hispanorromana, como pudo ser el caso del procesado de bellotas.

LA EXPERIMENTACIÓN

Con el proceso experimental se intentó dar respuesta a las cuestiones que surgieran al recrear un sistema de explotación de la bellota en el ámbito céltico peninsular, desde la extracción misma del fruto hasta la producción de alimentos cocinados. En la recreación, se utilizaron los instrumentos y los medios que se emplearían entonces, recogiendo problemas, soluciones, y por supuesto, errores.

Además de las fuentes y los restos arqueológicos, se ha investigado también la etnografía a través de informantes. La etnografía nos muestra de qué manera se podrían haber utilizado en el pasado ciertos objetos y recursos del pasado, que en la cultura tradicional se siguen manejando.

Recolección y almacenamiento

En primer lugar, se procedió a obtener el producto primario, el fruto en sí, directamente del árbol. Se procedió a extraer el fruto de la dehesa del pueblo, empleando un sistema tradicional utilizado siempre en la Alcarria para obtener el fruto, golpeando con largas varas; olivos, almendros, o nogales; solo que en este caso se aplicó el mismo procedimiento a la encina. Aunque difiere de los "zurriagos" del panorama Toledano (Pereira 2010: 281-282), este tradicional proceso se sigue utilizando en pequeñas extensiones de tierra en toda España, al que se le denomina "varear". Asimismo, tenemos diversos testimonios de la misma utilización en culturas protohistóricas, la esencia de la técnica prácticamente no ha variado en absoluto.

Tras la recolecta, se llevó la "cosecha" a una sala dispuesta para nuestras labores. En este lugar se reproducen bien las condiciones que debieron de tener las "pequeñas factorías" como debieron ser las viviendas halladas en la cabaña nº 4 del castro de Atxa, en Alava (Gil de Zubillaga 1995). Es decir, la clave consiste en tener una serie de elementos en una misma habitación que permitan realizar desde el descascarillado del fruto hasta la obtención de los productos elaborados (véase la figura 1).

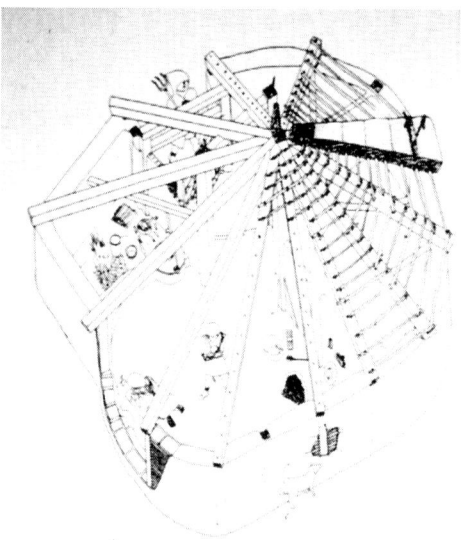

[Fig. 1] Reconstrucción de la cabaña nº 4 del castro de Atxa (Según Gil 1995)

Por otro lado, al ser un antiguo cuarto de matanza, la habitación mantiene unos valores de temperatura y humedad muy bajos. Al calentarse la sala, se elevó la temperatura entre 23- 27ºC, manteniéndose el grado de sequedad de la misma. Se consiguió por tanto, unas condiciones ambientales idóneas para conservar el producto durante las labores de procesado. La cosecha fue extendida en una superficie elevada, evitando que se superpusieran unos frutos con otros, para impedir que se pudrieran, tal como indica Columela en su obra con otros frutos (XII, 16). Además, al estar alejado del suelo, se evita la humedad del suelo y los insectos.

Tostado

Estrabón indica que los pueblos montañeses dejaban secar los frutos para posteriormente triturarlos (III, 3, 7). La etnografía nos indica el secado del fruto como paso anterior a cualquier tratado del mismo, así como algunas fuentes medievales (*Libro de Agricultura de Abu Zacaria Iahia*, a partir de Pereira *et al.* 2010).

Sin embargo, Plinio afirma que las bellotas tostadas entre cenizas son más dulces (XVI, 15). A través de la experimentación, se ha evidenciado que se trata del proceso más sencillo, rápido y factible para extraer la humedad y eliminar los taninos del fruto. Este punto es imprescindible para el consumo de las bellotas, ya que de esta manera se elimina el exceso de esta sustancia, que resulta tóxica en altos niveles para el organismo humano, y además, es la responsable del característico sabor amargo del fruto (Rodríguez Estévez *et al.* 2010). Gracias a este proceso, se puede tratar prácticamente cualquier tipo de bellota, independientemente de si es dulce o amarga, ya que el tanino es expulsado de la bellota debido al calor.

En cuanto al proceso de experimentación, se procedió al tostado de dos maneras diferentes:

- Entre rescoldos, como apunta Plinio y los resultados etnográficos de Toledo (Pereira 2010: 284-285).
- Tostando los frutos en el horno de una estufa-cassette de leña. Los hornos panaderos de la Segunda Edad del Hierro ofrecerían unas condiciones de trabajo más cómodas para el tostado del fruto. La bellota se tostaría de igual manera, evitando además el factor de la ceniza.

En el caso del tostado bajo rescoldos, se procedió a realizar la práctica denominada "calvote", elaborada en algunos pueblos de la región occidental de Toledo (información procedente del Proyecto Quercus). Se creó una especie de "hoya" con los rescoldos de la hoguera, en la que se introdujeron las bellotas. Encima de estas se colocó una capa de cenizas y otra de rescoldos para cerrar el "calvote". La capa de cenizas evitaba un contacto directo entre el fruto y las brasas, intentado evitar que se carbonizaran las bellotas.

Los informantes de la Alcarria señalaban que se debía romper la cáscara de la bellota antes de tostarla, para evitar su reventón. Este reventón se produce debido a las presiones guardadas dentro de la fuerte cascara de la bellota cuando se les suministra calor. El efecto devastador que podrían tener las ascuas que saltaran por la explosión de la bellota en una vivienda con entramado vegetal es obvio. No obstante, se dejaron unas bellotas sin machacar como sistema para medir el tiempo de cocción, retirando las bellotas tras dos o tres reventones.

El tiempo de cocción depende de muchas variables, desde las características de las bellotas hasta la fuerza y consistencia de la propia lumbre. No obstante, estaríamos hablando de entre 20 y 30 minutos.

Aunque se le haya denominado al proceso como "tostado", lo cierto es que no se llega a tostar el fruto, sino más bien a asarse, cociéndose dentro de la cascara, de la misma manera que se hace con otros frutos, como la castaña.

Triturado/almacenaje

Tras el proceso de tostado, obtenemos la primera modificación sustancial del producto. Ahora se puede proceder de dos modos, pasando al almacenaje del producto, o bien a la elaboración de un primer triturado.

Además de eliminar el tanino de manera rápida, nuestro proceso de tostado es además un acelerador del proceso de secado (Baena 1999: 2-4). Por tanto, y siguiendo a lo que citan las fuentes, tanto clásicas como posteriores, se colocaron los frutos "secados" dentro de una tinaja, cuya tapa de madera fue recubierta con tela y barro. Además, también es indicado por el árabe Abu-el-Jair, en el siglo XII, donde indica especificando a las bellotas "(…)*enxugandolas una vez al sol, alzándolas después en tinajas y embarrando á esta la boca se conservan con su frescura*" (Pereira 2010).

Debido a la morfología de la bellota en glande y a su tamaño, se hace un poco costoso su trabajo en el molino. Con la otra parte de la cosecha tostada, se procedió a realizar un primer triturado, para obtener un molturado previo a la molienda propiamente dicha. Además de facilitar el trabajo de molienda, se consigue una harina mucho más fina. Así, se retiraba la cáscara y se machacaba en trozos de más o menos 1 cm, 1,5 cm de diámetro.

Este proceso se realizó en una serie de morteros de mano, o simplemente machacándolas con

un objeto contundente contra un yunque. Se trata del trabajo más laborioso y entretenido, necesitando la ayuda de más personas en el proceso para obtener una rentabilidad apreciable. Se trata de una práctica continua en la cultura tradicional. Cabe citar la práctica recogida por Eugenio Monesma en zonas rurales del Pirineo en la que se siguen extrayendo piñones machacándolos entre varias personas para extraer la carne blanda del interior.

Hay que apreciar en este punto el carácter de reunión y de comunicación que supondría el largo tiempo que supone la obtención del triturado (Monesma 2009). Cabe destacar que la misma cáscara de la bellota resultan un buen combustible para la hoguera, así que serian seguramente aprovechados para ello.

Molienda

El proceso se realizó en un molino circular, con la colaboración de un cantero local, que fabricó la piedra fija inferior y la volandera. El material de las muelas (tanto la fija como la móvil), eran de piedra de arenisca, de un tipo bastante denso.

Parece ser que este material fue uno de los más idóneos para moler bellota, muy por delante del granito, a juzgar por los estudios en los molinos numantinos (Checa *et al.* 1999: 67). Se practicaron una serie de incisiones en la piedra volandera para conseguir un mejor molido del fruto. Hay que apuntar que se parte de una reproducción sencilla, de caras planas, para huir de consideraciones tipológicas de los molinos circulares de la Segunda Edad del Hierro, ya que son muy variadas las formas de los molinos utilizados de esta clase para moler bellota, y se ampliarían mucho más las variables. (Checa *et al.* 1999: 64-66).

El molturado previo se va introduciendo por el orificio central del artefacto, según se va moliendo, la harina acaba cayendo a un paño, a modo de tolva, colocado debajo del molino. Al tamizar la harina, se puede volver a moler las trazas más bastas, con el objetivo de conseguir una harina más fina (véase figura 2).

[Fig. 2] Molino en plena acción. (Foto del autor)

Por otro lado, se observo un grado de desgaste significativo con las primeras moliendas. En Numancia se han encontrado numerosas piedras de molino desgastadas en los suelos de las calles.

Nuevamente debemos tener cuidado con los efectos de la humedad. Tras obtener la harina, debemos guardarla en un lugar seco, ya que se pudriría si estuviera en contacto prolongado con la humedad. De la misma manera, el molino también se debe limpiar de harina, ya que proliferaría el moho en él. Es interesante observar en este punto cómo se debe realizar todos los procesos prácticamente en el mismo lugar, seco y con una fuente de calor constante.

Producción y cocinado de alimentos

Tras la obtención de la harina, disponemos de un recurso base para producir diferentes elementos secundarios a partir de este. El producto clave que queríamos conseguir con la experimentación estaba basado en el pan de bellota al que apunta Estrabón que consumían los montañeses.

Para su elaboración, se aplicaron también los conocimientos del informante de la región de Extremadura. Entre ellos, destacaba que se mezclara la harina de bellota proporcionalmente con la de trigo o centeno "para que hiciera liga". La proporción fue de dos medidas de harina de bellota por una de harina de trigo. No obstante, estas medidas variarían en función de la cantidad de harina de trigo o centeno que dispusieran. La forma elegida fue en torta, al estilo de las evidencias romanas de pan (De Caro 1994) o de las tradicionales hogazas.

Se pensó en utilizar, a modo de levadura, una mezcla de cerveza y miel. Plinio habla de que los galos y los celtiberos elaboraban un pan realizado con la espuma de la cerveza que era mucho más delicado que el de los otros barbaros (V ,18, 68). La miel fue utilizada en el experimento por las posibles notas de sabor que podría ofrecer una cerveza como la famosa *Kaelia* (Torres Martínez 2003b: 45-46) en el producto elaborado.

Seguidamente, se utilizaron dos maneras de cocer el pan. En primer lugar, se procedió a cocer el pan bajo rescoldos. Sin embargo, y gracias a otras experiencias frustradas, se busco otro medio para evitar el contacto directo con las ascuas. La solución se encontró en una receta de Ateneo, donde señala como cocinar, no un pan sino un atún, bajo los rescoldos envuelto en hojas de higuera (García Soler 2001, véase figura 3)

El otro pan se realizó también bajo rescoldos, pero bajo la réplica de un *imbrex* romano. El objetivo era crear una cámara de calor, al estilo de un horno de leña común, pero con la fuente de ignición más cercana. Además, se quiso comprobar las posibilidades que ofrecía la cocción a través de este medio (véase figura 4).

[Fig. 3] El pan envuelto en hojas de higuera dispuesto a ser cocinado (Foto del autor)

[Fig. 4] El pan cocido bajo el *imbrex*, aspecto final (Foto del autor)

El pan se cocinó incluso antes que el de las hojas de higuera, a pesar de la fractura del *imbrex* en el transcurso de la actividad, el cual no poseía características refractarias. Se observó que sería una manera muy factible para cocinar este tipo de elementos.

Como detalle, se dividió el pan en octavas, al estilo del pan pompeyano (De Caro 1994). Además del propio sentido ornamental, tiene un sentido funcional. Y es que permite que salga la humedad y el calor del interior del pan y se cocine manera más adecuada.

En ambos casos se coció bastante bien, también dependiendo de la cantidad de leña en combustión, pero podríamos barajar en torno a 40 minutos y una hora. El pan cocido bajo el *imbrex* tenía una consistencia más crujiente en su corteza. No obstante, el pan de las hojas de higuera tenía un tono distinto, además de un aroma más afrutado debido a las hojas de higuera. Es decir, se tratan de dos productos diferentes con una misma base. Al cortar ambos panes por la mitad, presentaban una naturaleza y densidad semejante al pan de maíz elaborado en el municipio de Carballo (Salgado Mosquera *et al.* 2005).

No obstante, disponiendo de la harina de bellota como producto base, se realizaron otros experimentos para comprobar sus posibilidades. Se intento realizar recetas que tuvieran como base la harina de cereal sustituyendo esta por la de nuestro fruto. Uno de los objetivos consistía en aproximarnos a la potencialidad que podría haber tenido la harina de bellota desde finales del Celtibérico tardío hasta el celtibérico romano. Es decir, la posible presencia de un rasgo cultural como es un aspecto culinario "bárbaro" durante los primeros momentos de la ocupación romana.

En primer lugar se procedió a realizar el típico *pulmentum* romano. Se sustituyó en este caso, la harina de cebada por la harina de bellota, sin mezclar con la de trigo. El resultado fue una especie de plato similar a nuestras actuales "gachas", de gran consistencia. Aunque el sabor era áspero y ciertamente complicado para el paladar actual, sus capacidades nutricionales son claras, ya que es básicamente bellota emulsionada (Rodríguez Estevez 2010).

Por último, y teniendo como base el anterior *pulmentum*, se realizó una antigua receta que se realizaba en el día de Todos los Santos en la Alcarria, los *puches*. Los puches vienen a ser una especie de papilla espesa compuesto de harina, leche, azúcar y anís, y en ocasiones con trozos de pan duro. Se trata de una receta típica del ámbito pastoril. Sus ingredientes podrían encontrarse perfectamente en la época prerromana, sustituyendo el azúcar por la miel. Además, se realizaba en lo que por sincretismo religioso corresponde con la noche que en la religión celta se asocia a *Samhain*, el comienzo del año celta y uno de los días más importantes del calendario de este pueblo (Torres Martínez 2003b: 268).

El resultado fue muy parecido al de los puches originales, creando una especie de gelatina a los días, aunque no tan espesa como los hechos con harina de trigo.

CONCLUSIÓN

A través de todo el recorrido de la experimentación se muestran una serie de datos asociados al mismo, que ofrecen tanto respuestas como nuevas preguntas (véase figura 5). No obstante, como conclusión, podemos decir que se trata de una actividad que, requeriría la colaboración de un grupo de tamaño familiar, de en torno a cuatro o cinco individuos, para que pueda ofrecer una mediana rentabilidad en función del tiempo que se emplea.

En cuanto al aspecto gastronómico, la subjetividad está servida, ya que tanto el gusto como el aprecio de un producto, depende en gran medida de cuestiones culturales y del criterio del comensal.

Aunque sea un primer paso, la experimentación ha supuesto un acercamiento a un rasgo paleoeconómico vital para los pueblos celtibéricos. Con ello, los restos de estas prácticas indígenas se podrían buscar en los contextos relacionados con los primeros estadios de la presencia romana en la Meseta, con el objetivo de rastrear la pervivencia de prácticas y rasgos culturales anteriores, en la Hispania romana. Ese es, bajo mi punto de vista, el objetivo de la experimentación, ofrecer una potencialidad, que sin dar datos absolutos, ofrezca nuevas rutas para la investigación.

El tratamiento de la bellota para uso alimentario. Resultado del proceso experimental

PASOS	HERRAMIENTA	MODO	RESULTADO
1. RECOGIDA	VARA	VAREADO	RECOLECCIÓN RÁPIDA
	A MANO	RECOGIDA INDIVIDUAL	RECOLECCIÓN LENTA
2. MACHACADO PREVIO	MORTERO / PERCUTOR	GOLPEO MANUAL INDEPENDIENTE	PROCESO LENTO, PERO NECESARIO PARA NO ROMPER TODO EL FRUTO.
3. TOSTADO	CON CÁSCARA	DIRECTAMENTE SOBRE ASCUAS	EXPLOTAN LA CÁSCARA SALIENDO DESPEDIDAS
	SIN CÁSCARA	DIRECTAMENTE SOBRE ASCUAS	SE QUEMA EL FRUTO
	CON CÁSCARA MACHACADA	DIRECTAMENTE SOBRE ASCUAS	SE TUESTAN MÁS UNIFORMEMENTE
	SIN CÁSCARA	SOBRE RECIPIENTE CERÁMICO	SE NECESITARÍA UN RECIPIENTE MUY ANCHO Y BARRO REFRACTARIO (No contrastado en arqueología)
	SIN CÁSCARA	SOBRE RECIPIENTE METÁLICO	SE NECESITARÍA UN ELEMENTO SIMILAR A UNA PLANCHA METÁLICA (No contrastado en arqueología)
4. PELADO	A MANO	MANUAL	PROCESO LENTO, PERO EFECTIVO
5. MACHACADO	MORTERO DE MADERA CÓNCAVO / PERCUTOR SILÍCEO	PERCUSIÓN MANUAL DIRECTA	PROCESO LENTO, PERO EFECTIVO
6. MOLIENDA	MOLINO DE VAIVÉN	MOVIMIENTOS RECTOS REPETITIVOS	PROCESO MUY LENTO
	MOLINO DE MANO CIRCULAR	MOVIMIENTO CIRCULAR, EXTRACCIÓN DE LA MOLIENDA POR LA FUERZA CENTRÍPETA.	PROCESO MÁS RÁPIDO
7. AMASADO	A MANO	MANUAL	PROCESO LENTO, PERO EFECTIVO
8. COCCIÓN	HOGAR	SOBRE EL SUELO DEL HOGAR, CUBIERTA POR UN FRAGMENTO CERÁMICO Y TAPADO CON ASCUAS	SE QUEMA LA SUPERFICIE
		SOBRE EL SUELO DEL HOGAR, CUBIERTA DE HOJAS VERDES, TAPADO CON ASCUAS	SE COCINA MÁS UNIFORME

[Fig. 5] Cuadro que recoge los procesos experimentales utilizados.

Como colofón, señalar la importancia, muchas veces menospreciada, de la cultura del mundo tradicional y el aprovechamiento que hace de los recursos. Gracias a ellos conocemos un poco mejor las prácticas de culturas pasadas y su interacción con el Medio, enseñándonos a valernos de importantes recursos que parecen olvidados, pero que siguen ahí, y probablemente, seguirán estando.

Agradecimientos: A Juan Mayoral, del área extremeña; y a Mercedes García y a mi familia, en el área alcarreña, por su la colaboración como informantes y apoyo en el proyecto. A Juan Francisco Ledesma por la elaboración del molino de mano (*Cantería Ledesma*, Trillo - Guadalajara), instrumento clave para el proyecto. A *ABN patrimonio* por su colaboración incondicional. A la clase magistral del Dr. Juan Pereira Sieso, de la Universidad de Castilla-La Mancha, siendo su incansable investigación en el mundo de la bellota, uno de los pilares de este trabajo. A Jesús Francisco Torres Martínez, por compartir su intensa investigación en el campo de la Paleoeconomía. Y por supuesto, a mi tutora, Corina Liesau; mediadora y orientadora de estos primeros pasos. A todos gracias.

BIBLIOGRAFÍA

BAENA J. 1999: Arqueología experimental o Experimentación en arqueología. Boletín de Arqueología Experimental nº3. Universidad Autónoma de Madrid: 2-4.

BUXÓ, R. ; PIQUÉ, R. 2008: Arqueobotánica, los usos de las plantas en la Península Ibérica. Ariel Prehistoria. Barcelona.

CHECA, A.; JIMENO, A.; TRESSERRAS, J.J.; BENITO, J. P.; SANZ, A. 1999: Molienda y economía doméstica en Numancia. *Actas del IV Simposio sobre Celtíberos. Economía.* 1997. Institución Fernando el Católico (CSIC) y Diputación de Zaragoza eds. Zaragoza: 63-68.

DE CARO, S. 1994: La villa rustica in località Villa Regina a Boscoreale (Vol. 1). Bretschneider Giorgio.

GARCÍA SOLER, M. J. 2001: "El arte de comer en la antigua Grecia". Biblioteca Nueva. Madrid.

GIL DE ZUBILLAGA, E. 1995: Atxa: Memorias de las excavaciones arqueológicas 1982-1988. Departamento de Cultura, Diputación Foral de Álava. Vitoria y Gasteiz.

PEREIRA SIESO, J. 2010: Paleoetnografía del consumo de bellotas en las comunidades prerromanas peninsulares" En: Arqueología, sociedad, territorio y paisaje. Estudios sobre prehistoria reciente, protohistoria y transición al mundo romano. Instituto de Historia del CSIC. Madrid: 279-290.

RODRÍGUEZ ESTÉVEZ, V.; GARCÍA MARTÍNEZ, A.; MATA MORENO, C.; PEREA MUÑOZ, J.M.; GÓMEZ CASTRO, A.G. 2008: "Dimensiones y características nutritivas de las bellotas de los Quercus de la Dehesa".En: Archivos de zootecnia vol. 57 (R), p. 12. Departamento de Producción Animal. Facultad de Veterinaria de la Universidad de Córdoba.

SALGADO MOSQUERA, J.M.; PÉREZ NEGREIRA, Mª M.; MARTÍNEZ LATAS, I. 2005: Galicia para comérsela. Vol.1. Hércules de ediciones. A Coruña.

TORRES MARTÍNEZ, J. F. 2003: La economía de los celtas de la Hispania atlántica. *Volumen I y II*. Editorial Toxosoutos. Noia-A Coruña.

Fuentes clásicas

COLUMELA, L. J. M. *"Los doce libros de la Agricultura. Tomo I y II"*. Traducción de Juan María Álvarez de Sotomayor y Rubio. Imprenta de Miguel de Burgos, Madrid (1824).

DE SEVILLA, I. 1982: San, Etimologías, ed. bilingüe J. *Oroz Reta y MA Marcos Casquero. BAC, Editorial Católica, 2*. Madrid.

GAVIO APICIO, M. :De Recoquinaria. Recetas de la Roma Imperial. Introducción de Daniel Vázquez Sallés. Comunicaciones y publicaciones S. A. Barcelona (2007).

PLINIO SEGUNDO, GAYO "*Historia Natural. Libros III-VI*" Coord. Trad.: Fontán, A.; García Arribas, I.; Del Barrio, E.; Arribas, Mª L., Editorial Gredos. Madrid (1995)

PLINIO SEGUNDO, GAYO "*Historia Natural. Libros VII-XI*" Coord. Trad.: Del Barrio Sanz, E.; García Arribas, I.; Moure Casas, A. Mª; Hernández Miguel, L. A.; Arribas Hernáez, Mª L., Editorial Gredos. Madrid (1995)

PLINIO SEGUNDO, GAYO "*Historia Natural. Libros XII-XVIII*" Coord. Trad.: Manzanero Cano, F.; García Arribas, I.; Arribas Hernáez, Mª L.; Moure Casas, A. Mª; Sancho Bermejo, J. L., Editorial Gredos. Madrid (1995)

GASTROARQUEOLOGÍA DEL GIJÓN ROMANO: HIPÓTESIS SOBRE LA DIETA ALIMENTICIA DE SUS HABITANTES A TRAVÉS DEL ANÁLISIS DE LAS FUENTES ARQUEOLÓGICAS Y DOCUMENTALES

Aitor Martínez Valdajos[1]

INTRODUCCIÓN

Este artículo pretende mostrar una interpretación de los hábitos alimenticios que los habitantes de Gijón, y de sus entornos más próximos, tuvieron en época romana. Para poder establecer hipótesis, con el suficiente rigor, se parte de dos premisas: la primera es el conocimiento de las excavaciones arqueológicas realizadas en el concejo. De ellas se extraen importantes datos acerca de la tipología y función de determinadas construcciones relacionadas con la alimentación (por ejemplo sobre la existencia de una fábrica de salazones de pescado cercana al antiguo puerto) y de restos del consumo llevado a cabo en los yacimientos gracias a los análisis realizados. La segunda premisa es la búsqueda en las fuentes documentales clásicas de los patrones alimenticios, recetas, recomendaciones culinarias, etc., para comprender las costumbres gastronómicas de la sociedad romana. Autores como Catón, Marcial, Columela, Plinio, Virgilio o Apicio serán los tenidos en cuenta en este ámbito.

Poniendo en común todos los datos podremos intuir aspectos como la inicial y austera dieta de la mayoría de los nuevos habitantes llegados a la *Asturia* transmontana al comienzo de la romanización, la posterior y progresiva adquisición de hábitos culinarios netamente romanos, destacando la importancia de pescados y mariscos a partir de la creación de la factoría de salazones en el enclave de Cimadevilla,

---
[1] Educador de Museos en las actividades de difusión de la Red Municipal de Museos de Gijón

o la relevancia del gran *triclinium* de la *villae* de Veranes, en cuanto a ostentación y lujo gastronómico, una vez alcanzado el Bajo Imperio.

El análisis de estos datos, que hemos denominado *gastroarqueológico*, tiene en cuenta los condicionantes cronológicos, económicos y sociales que se dan en el ámbito de Gijón en época romana para proporcionar, de la forma más verosímil posible, una interpretación de cómo fue la alimentación de sus gentes hace dos mil años.

LOS YACIMIENTOS ROMANOS EN GIJÓN

En Gijón la arqueología ha sacado a la luz progresivamente la historia de todo un territorio. Primitivas excavaciones en sus termas romanas (1903) y, algo posteriores, en la villa de Murias de Beloño (Jordá Cerdá, 1957), fueron pioneras a la hora de vislumbrar la Historia Antigua de la ciudad y su comarca. Pero fue con el Proyecto Gijón de Excavaciones Arqueológicas (PGEA) (1982-1997) cuando se emprendieron unos estudios arqueológicos sistemáticos en distintos enclaves que mostraron la magnitud del pasado prerromano y romano del lugar (Fernández Ochoa, 1996). Los yacimientos excavados entonces fueron Campa Torres, el casco histórico de Cimadevilla (termas de Campo Valdés, fábrica de salazones, aljibe y muralla romana) y la villa de Veranes. A continuación vamos a comentar, someramente, las características y cronología de estos yacimientos para favorecer una mejor comprensión del texto:

Campa Torres

Está situado siete kilómetros al oeste de la ciudad de Gijón, en una península orientada hacia el norte y a 100 m de altitud sobre el nivel del mar. Se convirtió tras sus excavaciones en el Parque Arqueológico-Natural de Campa Torres. El espacio demostró haber sido un castro amurallado prerromano, identificable con el llamado *oppidum Noega* en las fuentes clásicas (Maya y Cuesta, 2001). La *gens* de los astures que lo habitó fueron conocidos como *cilúrnigos* (caldereros) en relación al principal trabajo que se llevaba a cabo en el poblado: la fundición y comercio de distintos objetos realizados en bronce, especialmente calderos (Fernández Ochoa y Pérez Fernández, 1990; Maya y Cuesta, 2001). Finalizadas las guerras contra los astures (29-19 a.C.), Roma se asentará en este lugar al filo del cambio de era al igual que, por distintos motivos e intereses, lo hizo en otros castros del territorio astur cercanos a yacimientos auríferos. Sin aparecer en el registro arqueológico del lugar evidencias de destrucciones, los primeros romanos comenzarán a transformar el espacio. Las antiguas cabañas circulares astures de materiales perecederos se sustituirán por austeras y sencillas construcciones de piedra y teja (*tegula e imbrex*) urbanizando el castro de manera novedosa. Desde el siglo II d.C. se aprecia un progresivo abandono de la *Noega* romana, relacionable con el crecimiento que el cercano enclave de Cimadevilla pasa a tener en mismas fechas.

[Fig. 1] Vivienda romana en Campa Torres.

Cimadevilla

Cimadevilla es el barrio histórico de Gijón. Situado en la península de Santa Catalina, fue el lugar elegido por Roma para crear un nuevo núcleo tras su llegada a estos confines cantábricos. Este enclave, basándonos en el material arqueológico aparecido, puede fecharse desde la segunda mitad del siglo I d.c. a partir de época flavia (Fernández Ochoa, 2003). De sus inicios son testigo las termas de Campo Valdés, signo inequívoco de romanidad como todo edificio termal. Probablemente este Gijón romano, del que se desconoce su nombre fundacional, ve cómo aumenta su importancia desde el siglo II d.C. con la llegada de gentes de la vecina *Noega*-Campa Torres, lo que justificaría la ampliación que sufre entonces el recinto termal. Poco tiempo después, el antiguo Gijón vuelca su economía hacia el mar con la construcción de una factoría de salazones (Fernández Ochoa, 1994), del siglo III d.C. El auge de este pequeño enclave no se detiene en el Bajo Imperio, convirtiéndose en un puerto de paso en las rutas marítimas del Cantábrico, el principal del territorio litoral astur, y rodeándose de una muralla de 850 m (Fernández Ochoa, 1997). Además, indicios de construcciones domésticas donde habitarían las distintas clases sociales astur-romanas aparecieron en el espacio sureste de la península, donde habrían estado protegidas de los vientos más molestos (Fernández Ochoa y García Díaz, 1995: 283-284: Fernández Ochoa y Morillo, 1999: 110; Fernández Ochoa, 2003: 100).

Veranes

Doce kilómetros al sur de Gijón se encuentra esta villa romana de tamaño medio con aproximadamente una hectárea de extensión, fechable entre los siglos I y V d.C. Tras su pérdida de función como villa será reaprovechada como centro cultual cristiano y necrópolis medieval (Fernández Ochoa y Gil Sendino, 2008). Veranes, en época romana, muestra dos momentos bien distintos. Primero será un establecimiento altoimperial volcado a la explotación agropecuaria del territorio y, posteriormente, desde el s. III d.C., sufre la construcción en varias fases de una lujosa *pars urbana* con impresionantes espacios de representación (*oecus, balnea* y *triclinium*) al modo de las grandes villas bajoimperiales, contando como estas con un gran latifundio o *pars rustica* que explotar en régimen de colonato.

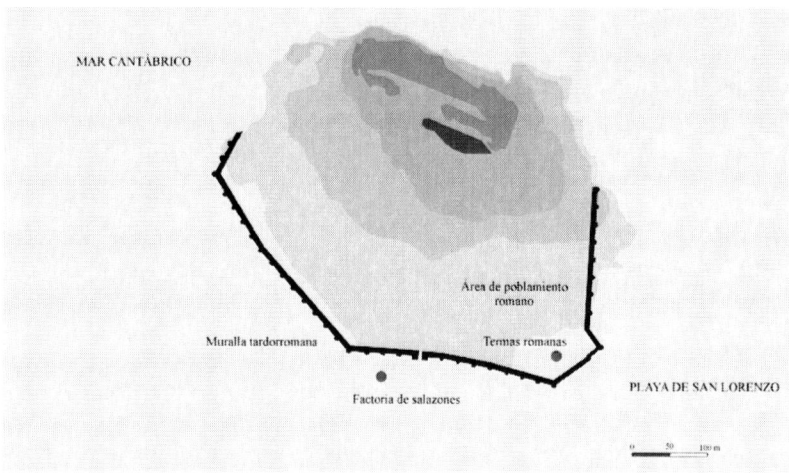

[Fig. 2] Península de Santa Catalina en época romana.

[Fig. 3] Villa de Veranes durante las excavaciones.

EL ANÁLISIS DE LOS RECURSOS VEGETALES Y FAUNÍSTICOS

Las excavaciones llevadas a cabo en el marco del PGEA no sólo han sacado a la luz los restos constructivos y materiales de cada uno de los yacimientos, sino que también han reparado en los restos vegetales y de fauna, llevando a cabo diversos análisis con ellos (palinológicos, ictiológicos, malacológicos…). Estos aportan una información elemental para el conocimiento de las formas de vida, y permitirán desarrollar las hipótesis acerca de la dieta alimenticia.

Campa Torres

En sus cercanías, dado que la mayoría del espacio del castro no era terreno muy fértil, se habría cultivado, en época prerromana, escanda y cebada. La escanda es un cereal panificable, si bien sabemos por Estrabón (*Geogr.* III, 3, 7) que también era habitual que los pueblos norteños elaboraran su pan a partir de la recogida de bellotas en distintos momentos del año. Mientras, con la cebada podían obtener una bebida similar a la cerveza, denominada *zythos* por este autor. Para el geógrafo griego las costumbres de los pueblos bárbaros norteños de la península Ibérica son prácticamente idénticas entre sí, describiendo su alimentación como monótona y carente de vino (bebida símbolo de civilización por antonomasia en Roma). Sin embargo, pensamos hoy día que estos pueblos tuvieron una alimentación mucho más rica de lo que Estrabón manifestó. Principalmente porque es posible que existiera ya el cultivo de algunas leguminosas y hortalizas, y porque las excavaciones demostraron que los *cilúrnigos* contarían con una cabaña ganadera en la que destacaría el vacuno, y en menor medida cerdos, ovejas y cabras (Maya y Cuesta, 2001). Además, hay indicios de explotación del litoral inmediato, especialmente las zonas rocosas, dónde la maragota, la chopa, el pargo, la breca, la dorada, el chicharro, la lubina o el mújol son las especies principales (VV. AA. 2005: 28). Se recuperaron, en este sentido, gran variedad de anzuelos en el yacimiento. También recolectaron mariscos como lapas, bígaros, mejillones, berberechos, percebes, erizos de mar… Completaron esta dieta con la caza de corzos, jabalíes y ciervos. Con la llegada de Roma al lugar aparecen fragmentos de *terra sigillata* itálica, gálica y ánforas hispánicas, lo que demuestra un primitivo comercio y la presumible importación de productos como vino y aceite, suponiendo el inicio paulatino de una dieta de corte romano, que irá oponiéndose a otros alimentos como la cerveza y manteca de cerdo que eran consumidos por los habitantes prerromanos. No obstante, entendemos que el comercio con estas zonas del Noroeste hispano debió ser costosísimo inicialmente y los productos serían considerados artículos de lujo, estando al alcance de pocos de los colonizadores.

Cimadevilla

Los análisis del material faunístico de las excavaciones del centro de Gijón demuestran la importancia de la cabaña ganadera, especialmente vacuno y, en menor medida, ovejas, cabras, cerdos... (Fernández Ochoa, 2003), evidenciando la existencia de labores agropecuarias. Pero, con la creación de la fábrica de salazones, hubo de volcarse la orientación económica de Gijón hacia el mar desde el s. III d.C. La salazón de los pescados era la única forma de conservación para su comercio lejos de la costa. Entre las especies que aparecieron están la sama de pluma, breca, maragota, caballa, estornino, brótola de roca y abadejo. También aparecen mariscos como lapas, ostras, bígaros, mejillones y berberechos. Ejemplifica este lugar el modo romano de explotación del pescado para conseguir salazones, y la creación y comercio del valorado *garum*. Habría sido un tipo de explotación similar a las del levante hispano o la Bética, pero de dimensiones más reducidas (Fernández Ochoa, 1994).

[Fig. 4] Factoría de salazones durante su excavación.

Veranes

Desde el s. I d.C. se desarrolló una importante labor agropecuaria en este enclave rural. Los análisis del entorno muestran indicios de una importante labor cerealística y de cultivo de la vid (Orejas y Ruíz del Arbol, 2008). A su vez, la cabaña ganadera estaba formada por vacuno, ovejas, cabras, cerdos y gallinas. Todos ellos se utilizan en la dieta alimenticia, así como sus derivados (leche, huevos…) Además, en la fase tardorromana, aparecen especies de caza como el jabalí, la liebre, el conejo, o el ciervo, demostrando la existencia de una actividad cinegética que daría prestigio al *dominus*, y conformando sus carnes parte de los banquetes allí celebrados. Especies marinas como la maragota y la lubina aparecen también en Veranes, al igual que otras procedentes del marisqueo, ejemplares que habrían sido adquiridos en los mercados de la cercana Gijón (VV.AA., 2012).

En cuanto a las especies frutales, se considera que el manzano, la higuera, el ciruelo, el cerezo y el peral son introducidos por Roma en Asturias (Santos Yanguas, 1992), por lo que desde el siglo I d.C. en adelante, con las mejoras en las técnicas de cultivo, pasarían a formar parte de la dieta de los antiguos gijoneses.

LA GASTRONOMÍA ROMANA EN LAS FUENTES CLÁSICAS

Fueron varios los autores clásicos que se refirieron a los temas gastronómicos, aportando recetas, formas de conservación de los alimentos o costumbres en la mesa. Catón, Varrón, Columela, Marcial, Plinio el Joven o Apicio son algunos de los escritores que trasladan mediante sus plumas aquella realidad culinaria. Por ellos sabemos que, en sus orígenes, la cocina romana no fue ni la sombra de lo que llegó a ser en cuanto a lujo y suntuosidad. De hecho los romanos del siglo III a.C. comen casi únicamente gachas (*puls*), una papilla de harina de trigo con agua o leche que, con el paso de los siglos, seguiría consumiéndose pero sólo por los más pobres. Catón *el Viejo* (234-149 a.C.) aportó una receta enriquecida para estás míticas gachas recomendando añadirles queso, miel y huevos, obteniendo así un plato mucho más completo.

Mientras la carne, en estos primeros momentos, es un objeto de lujo al alcance de muy pocos y sólo se come a la hora de hacer algún sacrificio con motivo de distintas festividades.

Pero el crecimiento de Roma, y su hegemonía en el Mediterráneo, facilitarán que sus costumbres varíen, por el contacto con otras civilizaciones y por el creciente comercio que permite la llegada de nuevos productos. Al respecto llegará a decir Plinio *El Joven* (61-112 d.C.) que *"cualquier producto de una región es como el producto de todos los pueblos"*. Las novedades que aparecen en otros ámbitos sociales surgirán también en la vertiente culinaria. Desde el II a.C. y hasta el Bajo Imperio, la cocina romana irá transformándose hacia un refinamiento y variedad en recetas, salsas y sabores inimaginable antes de sus conquistas (Flandrin y Montanari, 2004). Pero a esta nueva y costosa dieta únicamente tendrán acceso las clases más altas del Imperio Romano. En los platos de los más pudientes se comenzará a apreciar un gusto por la mezcla de lo dulce y lo salado, y una abundancia en el uso de salsas y en la condimentación con especias. Mientras, la cocina popular, según los consumos citados por los autores, es la que aprovecha todo, además de la *puls*, tripas, sangre consumida en morcilla, restos de carne preparados en albóndigas, cabeza del cordero, y también emplea de forma importante los productos de la huerta, así Columela (4-70 d.C.) nos dice que un cocinero popular hábil sabe preparar unas buenas habas con sólo acompañarlas de lechuga, ajo y cebolla.

Por tanto, desde el II a.C., momento en el que la cocina romana va a comenzar a cambiar y enriquecerse, los alimentos que forman parte de la dieta de pobres y campesinos serán especialmente *puls*, habas, lentejas, guisantes, garbanzos, col, cebolla, nabo, lechugas, ajo, junto con restos de carne, en contadas ocasiones, para el caso de quienes fueran algo más pudientes. Para la élite romana, sin embargo, los alimentos de prestigio estaban bien identificados: ostras y pescado, *garum*, jabalí, liebre, cerdo o vacuno…Los alimentos utilizados por las clases populares también se empleaban, en ocasiones, en los platos de los ricos pero, mezclados junto a otros, empleados en guisos o frituras, y aliñados con variedad de salsas, se disfrazaba totalmente su sabor original.

Por los autores clásicos también conocemos que la cena era la comida más importante del día en Roma y, para las clases altas, el momento en el que podían llevarse a cabo los grandes banquetes denominados *convivia*. Se organizaban en el *triclinium* y constaban de tres platos: *gustatio* (entrantes), *primae mensae* (platos principales) y *secundae mensae* (postres). Las recetas más sorprendentes que conocemos para estos ágapes son las que aparecen en la escena del "banquete de Trimalción" narrada por el escritor Petronio (14-65 d.C.) en su obra *Satiricón*, y las aparecidas en el tratado *De Re Coquinaria* atribuido al excéntrico gastrónomo Marco Gavio Apicio, quien supuestamente vivió en el s. I d.C. Se trata éste de un texto que contó, desde sus inicios, con retoques y adiciones que fueron alterando su versión primigenia. Originalmente su uso debió dirigirse a cocineros señoriales, pero todas las transformaciones que sufrió pudieron pretender ponerlo al alcance de un público más extenso (Méndez Riestra, 2007). El caso es que las numerosas variantes del latín utilizadas y alguna incongruencia en el lenguaje hacen pensar que el texto que nos ha llegado es una recopilación del siglo IV d.C. Es el único tratado enteramente de cocina romana del que disponemos pero, como hemos visto, no significa eso, ni mucho menos, que toda la cocina romana saliera de él. Lo que sí demuestra es la variedad y el lujo culinario que Roma llegó a alcanzar en sus estratos sociales más elevados. Cuenta con cuatrocientas sesenta y ocho recetas recopiladas, en las que se utilizan especialmente los siguientes alimentos: pimienta, *garum*, aceite, miel, apio silvestre, vinagre, vino, comino, ruda y cilantro. Todos ellos son los que se mezclan para aportar los distintos sabores a la variedad de carnes, pescados y mariscos que se presentaban en los banquetes.

Pero como decíamos, no todo en Roma fue Apicio, y tenemos otros ejemplos de buenos menús presentados en casas de importantes ciudadanos que aportarán el punto de vista que nos falta en este apartado. Así consta que el poeta hispanorromano Marcial (40-104 d.C) ofrecía a sus invitados lechugas, puerros y atún con huevos troceados como *gustatio*, de *primae mensae* col verde y una morcilla que recubría con gachas y habas, y de *secundae mensae* uvas pasas, peras y castañas asadas, junto con vino. Es este un menú, por los alimentos empleados, modesto pero abundante y cercano, seguramente, al de la gente media de Roma durante los inicios del Imperio.

Más abundante aún, aunque sin opulencia ni lujo, fue el menú que propuso el abogado y escritor Plinio *el Joven* a un desconocido invitado con el que quedó *escaldado,* nunca mejor dicho:

"¿Pero qué te ocurre? ¡Me prometiste acudir a una cena en mi casa y no te presentas! Ésta es mi sentencia: has de pagarme una multa equivalente al dinero que me ha costado la cena hasta el último as, y no es una cifra pequeña. Había preparado una lechuga por persona, tres caracoles y dos huevos; había además gachas de espelta aderezadas con vino mulsum y nieve (pues también este gusto lo añadirás a tu lista, y es más, lo incluirás entre los primeros, pues se echó completamente a perder sobre tu plato), aceitunas, acelgas, calabazas, cebollas y muchos otros manjares, no más de mil, ni menos deliciosos. Habrías visto además actuar a un cómico o quizá habrías escuchado a un recitador, o puede que hubieses asistido a un recital de lira o incluso habrías disfrutado de los tres espectáculos, pues a tanto alcanza mi magnificencia. Y, sin embargo, preferiste ostras, vientre de cerda, erizos de mar y bailarinas gaditanas en casa de algún otro. Me las pagarás, no te digo cómo de momento." Plinio El Joven (L. I. 15).

Amenazantes, e instructivas para nuestro tema, las palabras de este hombre de leyes moderado, al igual que su menú, que exige recompensa por la falta de respeto que ha sufrido al verse abandonado y preferir asistir su convidado, probablemente, a un *convivium* mucho más ostentoso y menos recatado. Cabe añadir al respecto que el vientre de cerda era uno de los platos más valorados por los paladares romanos en época imperial y que las bailarinas gaditanas añadían un alto componente de índole sexual al banquete.

HIPÓTESIS ACERCA DE LA ALIMENTACIÓN DE LOS GIJONESES EN LA ANTIGÜEDAD

Descritos los yacimientos arqueológicos, los restos vegetales y faunísticos aparecidos, así como alguno de los datos gastronómicos más importantes que los escritores latinos nos han dejado en sus textos, es el momento de que lancemos las hipótesis acerca de cómo hubo de ser la alimentación de los habitantes del Gijón Antiguo.

Partimos del *oppidum* Noega/Campa Torres, en el que entendemos que la alimentación que mantuvo este pueblo prerromano fue variada, pues aúna algunos cereales y hortalizas con pescados, mariscos, carnes y sus derivados. Si bien, para el modo de entender de Roma, esta alimentación no era civilizada. No contaba con vino o aceite, no hay una conservación de los alimentos a partir de la salazón, no disponen de muchas de las especies frutales que tan importantes llegarán a ser en las mesas romanas... Es una alimentación, dada la estructura social astur (Cid, 1990:160), más igualitaria que la romana al no existir un régimen esclavista. Es comunitaria, por hacer la tribu vida en comunidad, y aprovecha bien los recursos de los que dispone en el marco geográfico en el que se asienta, pero no es civilizada para la mentalidad romana, y lo primero que intentarán los colonizadores, en este sentido, al dominar dicho *territorium* alejado de la metrópolis será introducir nuevos cultivos y técnicas agrícolas, con la intención de conseguir especies frutales como la vid y cerealísticas como el trigo.

Los primeros soldados romanos en llegar a este confín consumirían, como era habitual en ellos, su ración de cereales en gachas (similar al *puls* antes nombrado) y pan. Pero esta dieta a base de cereales necesita complementos de proteínas, por lo que tratarían de acceder, del mismo modo que los *cilúrnigos*, a la carne o al pescado, y en última instancia lo resolverían con el aporte proteínico de queso, huevos o legumbres secas, consideradas desde antiguo como la carne del pobre.

Además, como anteriormente reseñábamos, en el registro más antiguo de material romano aparecen fragmentos de *terra sigillata* Itálica, gálica y ánforas hispánicas, lo que indica la llegada a estos confines de nuevos productos como el vino o el aceite, alimentos básicos en la tradición gastronómica romana que inicialmente solo podrían permitirse económicamente los primeros funcionarios administrativos y altos cargos de las tropas, quienes serán junto a los soldados los encargados de transformar paulatinamente la dieta en el lugar. El ejército es, sin duda, uno de los factores más importantes de implantación y expansión de los modos de vida romanos (Santos Yanguas, 1992: 293) y también lo tuvo que ser en *Noega*.

El enclave de Cimadevilla, fundado quizá con otro destacamento de soldados romanos y con astures provenientes de esa cercana *Noega*, se irá configurando como espacio netamente *a la romana* hasta alcanzar su periodo de esplendor a partir del s. III d.C., momento en el que se le presume un hábitat de gentes astur-romanas jerarquizadas en distintas clases sociales que, por tanto, no tendrán acceso al mismo tipo de alimentos. Destaca en esta zona la importancia de la cabaña ganadera (vacuno, ovejas, cabras, cerdos…) que formaría parte de la dieta de los habitantes que fueran más pudientes. Desde el siglo I d.C. los nuevos cultivos proporcionarían trigo con el que hacer pan, vides con las que obtener vino local, y una multitud de nuevas especies frutales (manzanas, peras, ciruelas…) que se irán incorporando a la mesa. Sin embargo, esta sociedad no es comunitaria por lo que no todos los ciudadanos se alimentarán con los mismos productos. Los pescados y mariscos quedarán para los más afortunados quienes disfrutarán, ahora ya sí, de una dieta plenamente romana. Los alimentos y condimentos no obtenidos en la región llegarán a partir de un comercio que se despliega desde el Alto Imperio, poco a poco, y que convertirá a Gijón en uno de los enclaves marítimos de paso en la ruta del Cantábrico. Como uno de los sectores económicos fundamentales, al lado del antiguo puerto, se situaba extramuros la fábrica de salazones evidenciando que la pesca adquiere ya en época romana la misma importancia económica que siguió teniendo en siglos posteriores para la ciudad de Gijón. Veíamos como los *cilúrnigos* consumían pescado en *Noega*, pero ahora se tratará del modo romano de explotación, para conseguir salazones y salsas como el *garum*. En este contexto, desde el siglo III d.C., se manifiesta el índice de romanización alcanzado en Cimadevilla, que supone la aparición de una dieta alimenticia que es típicamente romana y que se adapta a las capacidades adquisitivas de cada uno de sus habitantes. Siguiendo a los autores clásicos, los miembros de la aristocracia de este Gijón romano tendrían en sus mesas una dieta más variada y acceso a carnes, pescados y mariscos, mientras que estos productos rara vez estarían en la mesa del poco adinerado, que tendría que conformarse con una dieta monótona y frugal basada en cereales, legumbres, hortalizas y frutas.

Por último, en Veranes nos encontramos con un lugar en el que todo indica que se desarrolló la cocina romana más refinada, dónde se llevaron a cabo lujosos banquetes en los que se presentarían auténticas exquisiteces. Las excavaciones han demostrado que el comercio sigue activo en Gijón hasta al menos el siglo V d.C., apareciendo cerámica procedente de la Galia y también del norte de África y Mediterráneo oriental (Fernández Ochoa, 2003). Por tanto, el lugar sigue siendo un relevante enclave portuario en la ruta marítima cantábrica y, como no podía ser de otra manera, a él llegarán los productos de calidad de otros lugares del Imperio, con los que los más poderosos y adinerados podrían completar su dieta. Así el vino de la Galia o los aceites del sur de Hispania continuarían importándose y formando parte de los menús de los *convivia*.

Tal es así que, de hecho, los análisis de paleoforma realizados en Veranes nos hablan de comidas basadas en cereales, frutas, pescados y mariscos, como lapas y ostras, y variedad de carnes. En estos momentos, siglos IV y V d.C., no cuesta imaginar que este *dominus*, personaje de la aristocracia local, contaría con excelentes cocineros que estarían al día en cuanto a gustos y recetas culinarias. Y, al igual que las rutas comerciales traen género de otras zonas del imperio, junto a ellas llegan gentes e ideas culturales nuevas, algunas de estas relativas al ámbito gastronómico. Y, por ello, formas de cocinar como las recogidas en el *De Re Coquinaria* atribuido a Apicio o similares se llevarían a cabo en todas las mansiones aristocráticas repartidas a lo largo y ancho del Imperio, no siendo Veranes una excepción. Así, los diez ingredientes básicos del recetario (pimienta, garum, aceite, miel, apio, vinagre, vino, comino, ruda y cilantro) estarían presentes en la cocina de la *villae* gijonesa, y con estos bien podrían elaborarse una gran variedad de platos que, si no seguían exactamente esas recetas del tratado, serían parecidos en su preparación. Podemos imaginar entonces el *triclinium* de la villa, de más de 150 m2 de superficie, engalanado para recibir a decenas de comensales a los que podría ofrecérseles, por ejemplo, una *gustatio* donde los alimentos emblemáticos fueran los huevos y el queso de la casa, junto con algún platito con una pequeña carne, pescado o marisco y pan cocinado en el propio *fornum*, buscando con estos entrantes excitar el apetito. Una *primae mensae* organizada en torno a una carne, cerdo en las ocasiones más especiales, acompañada de alguna otra especie de caza (demostrando así el *possessor* su pericia en el arte cinegético) y pescados frescos o en salazón de la cercana factoría de Gijón. Una *secundae mensae* donde destacarían poderosamente las diversas especies frutales recogidas de su *fundus*, junto a algún pastel realizado por los cocineros a partir de nueces o almendras. Y la continuación del banquete con la *comissatio*, bebiendo el vino de sus propias vides o, en algún caso, para los invitados más especiales, ofreciendo vinos de gran calidad traídos de importación como el de Falerno o la Galia.

[Fig. 5] Triclinium de la Villa de Veranes.

BIBLIOGRAFÍA

BODELÓN GARCÍA, S. (1995): "La alimentación de los astures: rastreo arqueológico por algunos yacimientos" en *Memorias de Historia Antigua*, Nº 15-16, pp. 229-248.

CALVO LAULA, A. (2007): *Convivium: de las costumbres culinarias romanas*. Sevilla.

CARRERAS MONFORT, C. (1996): "El comercio de Asturia a través de las ánforas", en *Los Finisterres Atlánticos en la Antigüedad. Época prerromana y romana*. Actas del Coloquio Internacional. Gijón, 10-12 de julio de 1995, pp. 205-210.

CID, R. (1990): "La sociedad astur bajo la dominación romana. Pervivencias indígenas", en *Historia de Asturias (La Nueva España)*, vol. I. Oviedo, pp. 158-176.

FERNÁNDEZ OCHOA, C. (1994): *Una industria de salazones de época romana en la Plaza del Marqués. Excavaciones arqueológicas en la ciudad de Gijón*. Gijón.

-(1995): *Termas romanas*. Gijón.

-(1996) "Historia del Proyecto Gijón de Arqueología" en *Complutum Extra*, 6 (I), Madrid, pp. 29-37.

-(1997): *La muralla romana de Gijón*. Gijón.

-(2003): *El lenguaje de las piedras. La recuperación del patrimonio arqueológico de Gijón*. Gijón.

FERNÁNDEZ OCHOA, C. y GARCÍA DÍAZ, P. (1995): "Excavaciones arqueológicas en Cimadevilla (Gijón)" en *Excavaciones arqueológicas en Asturias 1991-1994*, Oviedo, pp. 277-285.

FERNÁNDEZ OCHOA, C. y GIL SENDINO, F. (2008): "La villa romana de Veranes (Gijón, Asturias) y otras villas de la vertiente septentrional de la cordillera cantábrica" en *Las villae tardorromanas en el occidente del Imperio. Arquitectura y función*. Gijón, pp. 435-480.

FERNÁNDEZ OCHOA C. y MORILLO, Á. (1999): *La tierra de los astures. Nuevas perspectivas sobre la implantación romana en la antigua Asturia*. Gijón.

-(2009): "Faros y navegación en el Cantábrico y el Atlántico Norte" en *Brigantium: Boletín do museu arqueolóxico e histórico da Coruña*. La Coruña, pp. 115-135.

FERNÁNDEZ OCHOA, C. y PÉREZ FERNÁNDEZ, D. (1990): "Inscripción romana hallada en la muralla de Gijón. Una nueva *gens* entre los astures transmontanos", en *CuPAUAM* 17. Madrid, 255-265.

FLANDRIN, J-L. y MONTANARI, M. (DIR.) (2004): *Historia de la alimentación*. Gijón.

GARCÍA DE CASTRO, C. y RÍOS, S. (2013): "Consideraciones en torno a la historia de Gijón en la Edad Antigua" en *F. Javier Fortea Pérez: Universitatis Ovetensis Magister (Estudios en homenaje)*. Oviedo, pp. 515-532.

JORDÁ CERDÁ, F. (1957): *Las Murias de Beloño, Cenero (Gijón). Una villa romana en Asturias*. Oviedo.

MARTÍNEZ FERNÁNDEZ, J. (1988): "La alimentación del hombre de los castros" en *Boletín del Real Instituto de Estudios Asturianos*, Año nº 42, nº 125, Oviedo, pp. 115-122.

MAYA, J. L. y CUESTA, F. (2001): *El castro de La Campa Torres. Período prerromano*. Gijón.

MÉNDEZ RIESTRA, E. (2007): *Lo comido y lo servido: una aproximación a la alimentación en Asturias desde los primeros tiempos hasta la Edad Moderna*. Gijón.

OREJAS, A. y RUÍZ DEL ARBOL, M. (2008): "Territorio y dominio en las villas romanas: el *fundus* de Veranes" en *Las villae tardorromanas en el occidente del Imperio. Arquitectura y función*. Gijón, pp. 167-192.

SANTOS YANGUAS, N. (1992): *La romanización de Asturias*. Madrid.

VV. AA. (1995): *Astures. Pueblos y culturas en la frontera del Imperio Romano*. Gran Enciclopedia Asturiana. Gijón.

VV. AA. (2003): *Gijón Puerto Romano. Navegación y comercio en el Cantábrico durante la Antigüedad*. Gijón.

VV. AA. (2005): *El cabo Torres y el Puerto de El Musel: 25 siglos de historia.* Gijón.

VV. AA. (2012): *El "horreum" de la "villa" romana de Veranes (Gijón, Asturias). Primer testimonio material de los hórreos de Asturias.* Madrid.

Créditos:

Archivo fotográfico. Museos Arqueológicos de Gijón. FMCE y UP del Ayuntamiento de Gijón.

Aitor Martínez Valdajos.

Agradecimientos:

A los Museos Arqueológicos de Gijón, especialmente a Raquel Gilsanz por su amabilidad al atenderme.

EL CONSUMO DE AVES EN LA ROMA DE AUGUSTO

Santiago Montero Herrero[1]

Roma incorpora tardíamente las aves a su mesa. Solo las domésticas y alguna otra silvestre parecen haber estado presente en la dieta de los romanos desde los tiempos de la monarquía hasta el final de las Guerras Púnicas. El autor que expresa esta realidad con más rotundidad es, sin duda, Ovidio quien evoca los tiempos de la Roma arcaica en los que no se conocían aún las aves exóticas que en época de Augusto eran servidas en la mesa:

"En aquella época el Lacio no conocía aún el ave que la opulenta Jonia nos proporciona ni aquella que se deleita con la sangre de los pigmeos; en el pavo no se apreciaba más que su plumaje y la tierra no nos había enviado las fieras que previamente capturara" (*F.* VI 179-183).

Se refiere el poeta al francolín (que si bien habita en Africa y el sur de Europa, era el de Jonia el que los gastrónomos solicitaban más: Plin., *NH* X, 153; Mart. XIII, 61), la grulla y el pavo (servido por primera vez en un banquete por el orador Hortensio: *NH* X, 45) pero en el último siglo de la República fueron sumándose otras más. La abstención de este tipo de carnes, que dependía en buena parte de la captura de los pajareros (*aucupes*), se explica sobre todo por un temor religioso, dada su condición de *internuntiae*, es decir, de mediadoras, entre los hombres y los dioses como casi a diario recordaban los augures romanos.

En general se admite que en el cambio de era se produjeron notables cambios en las condiciones alimentarias de los romanos. El triunfo de Octaviano sobre Marco Antonio en la batalla de Actium (31 a.C.) marcó el inicio de los contactos comerciales con Egipto y, poco después, con el Oriente y Asia comenzando a llegar a Roma durante

[1] Universidad Complutense de Madrid

el Principado de Augusto productos provenientes de casi todas las regiones. Comenzaba a conocerse así, como dice Plinio, "todo lo que la tierra producía de bello y bueno". Es a partir de entonces cuando se descubren, pues, nuevos alimentos y sabores.

El lujo de la mesa, la presencia de aves venidas de diversas partes del mundo en la Roma de Augusto, se hizo ver que era posible gracias a la *pax augusta*. La exhibición de aves exóticas en las mesas de Roma, venidas de provincias lejanas del Imperio o incluso de más allá de las fronteras romanas,–especialmente con motivo de banquetes públicos y triunfos militares- constituía una ocasión única para hacer llegar un determinado mensaje político: el de la extensión del Imperio y el establecimiento de la *pax*. Sin ésta, ni la captura ni el traslado de las aves a Roma hubieran sido posibles. Se trata de una propaganda política similar a la de la celebración de las *venationes* romanas en las que se presentaba la oportunidad de dar a conocer animales venidos de lugares remotos gracias al sometimiento de los pueblos y al control de las vías comerciales. Las bestias salvajes de la arena y las aves de los grandes banquetes no constituían sólo una novedad o una curiosidad: eran algo que pertenecía a un mundo desconocido y peligroso pero accesible gracias al poder del Princeps. Por eso Tibulo se pregunta: "¿Qué diré cómo sobrevuela a salvo muchas ciudades / la blanca paloma sagrada para el sirio palestino?"

Quid referam, ut crebras intacta per urbes

Alba Palaestino sancta columba Syro (Tibulo I, VII, 17-18)

Ovidio define el papagayo de su amada Corina como "regalo que el confín del mundo nos envió" (*extremo munus ab orbe datum*: Am. II, 6, 38), insistiendo continuamente en su procedencia geográfica (*ab Indis*) así como en su condición de ave "amante de la paz tranquila".

Por su parte, Manilio, al referirse a la constelación de Cisne, escribe en sus *Astronomica*:

"...Y estas otras habilidades para nuestro lujo; para satisfacer el estómago se va ahora más lejos que hace poco para hacer la guerra: nos alimentamos de las costas de Numidia y de los bosques de Fasis [faisanes?]; los productos del mercado se hacen traer de las tierras desde donde por un mar recién descubierto se transportaban las pieles teñidas de oro. Es más, ellos enseñarán a las aladas aves las lenguas de los hombres y su significado, y las emplearán en intercambios hasta ahora desconocidos, imponiéndoles las palabras que les han negado las leyes de la naturaleza" (V, 373-381).

Dicha idea de Imperio, de *oikoumene*, de sometimiento del *Orbis terrarum*, fue canalizada también a través de otros cauces, como el mapa del mundo expuesto sobre los muros de la *Porticus Vipsania*, cuyo propósito era mostrar la tierra a la Urbs (*cum orbem terrarum urbi spectandum propositurus esset*: Plin., *NH* III, 13-16) y cuya representación familiarizaba al pueblo romano con los nombres de pueblos y lugares o como la representación de todas las razas que Augusto había conquistado, representadas en uno de los pórticos del Foro Romano (*simulacrum omnium gentium*: ad Aen. VIII, 720-723). Los trabajos de Cresci Marrone, Gruen y Roddaz siguen siendo fundamentales para este aspecto.

Muchos de los emperadores sucesores de Augusto o políticos que querían hacer mostrar la grandeza y extensión del Imperio tomaron de él la idea de traer aves de puntos remotos mostrándolas vivas o cocinadas en la mesa. Sabemos así que durante el reinado de Nerón, Tigelino celebró el festín más notable por su lujo y fama construyendo en el estanque de Agripa, cerca del Panteón, una embarcación en la que se celebraba un banquete para el que "había hecho venir aves y fieras de las regiones más diversas y hasta animales marinos del Océano" (Tac., *Ann.* XV, 37, 2). Y, sin abandonar la época neroniana, conviene recordar que Columela denuncia a quienes compran una pareja de pichones a cuatro mil sestercios, pero le parece aún más indignante que quienes "tras haber devorado en sus comilonas todas las aves del Fasis en el Ponto y de los estanques de la laguna Meótide en Esticia, ahora ya vomitan en estado de embriaguez aves del Ganges y de Egipto" (*iam nunc Gangeticas et Aegyptias aves temulanter eructant*: *RR* VIII 8, 10)

Tampoco estará de más recordar un pasaje del *Satiricón* de Petronio en el que uno de los convidados se lamenta de que no se aprecien en la mesa las aves que están al alcance y sí aquellas que vienen de fuera:

1. "Aves como el faisán -importado de Fasia, en Cólquide- o la pintada africana son sabrosas a nuestro paladar porque no es nada fácil conseguirlas. En cambio, la oca blanca o el pato, con las variables tonalidades de sus abigarradas plumas, saben a plebeyo …Lo que escasea es siempre lo mejor" (*Satir*. 93, 2.)

2. "Ahora las aguas del Fasis echan de menos sus aves [los faisanes] y en sus silenciosas orillas sólo las brisas animan el desierto follaje" (*id*. 119, 35).

Apenas medio siglo después de la muerte de Augusto, Vitelio hizo fabricar para los banquetes una bandeja, a la que por su enormes dimensiones llamaba siempre "el escudo de Minerva", en la que se mezclaban hígados de escaros, sesos de faisanes y pavos, lenguas de flamencos e intestinos de murenas, manjares que había encargado traer a los pilotos de sus trirremes "desde el país de los partos hasta el estrecho de Cádiz" (Suet., *Vitel*. 13, 2).

LAS MESAS PRIVADAS: AUGUSTO Y EL CONSUMO DE AVES

Pero no fueron, a mi juicio, exclusivamente razones políticas o propagandísticas las que explican esa presencia de aves exóticas en Roma. También el lujo y la ostentación de los particulares. Para no pocas familias de la aristocracia romana la exhibición de estos pájaros, vivos o en la mesa, constituía una ocasión para mostrar su poder económico. Se trata de aves que alcanzaban, como hemos visto, elevados precios en el mercado y cuya carne, al mismo tiempo, era poco aprovechable como en época adrianea destacará Favorino:

"Os dicen que solamente existe un ave de la que se puede comer todo, la ficédula. En cuanto a las otras, y especialmente las cebadas, no debe servirse de ellas más que tal cantidad que, sin comerse más que las partes inferiores, se quede satisfecho. Si se come la parte superior de un ave, no se tiene paladar. Si la delicadeza continúa creciendo en esta proporción, pronto se harán picar los bocados para evitarse el trabajo de masticar".

Is nunc flos cenae habetur inter istos, quibus sumptus est fastidium pro facetiis procedit, qui negant ullam avem praeter ficedulam totam comesse oportere; ceterarum avium atque altilium ni si tantum adponatur, ut a cluniculis inferiore parte saturi fiant, convivium putant inopia sordere, superiorem partem avium atque altilium qui edint, eos palatum non habere. Si proportione pergit luxuria crescere, quid relinquitur, nisi uti delibari iubeant... (apud Gelio, *NA* XV, 8).

Plinio alude a los "antiguos reglamentos referidos a las cenas" (*primum antiquis cenarum interdictis*) donde probablemente se establecía qué aves podían consumirse y cuáles no. Se trata, ciertamente de leyes suntuarias, pero dictadas también por un temor religioso. Para contener ese lujo, las leyes suntuarias romanas promulgadas desde mediados del siglo II a.C. proponen el modelo del *mos maiorum*, banquetes frugales con inclusión de aves domésticas o de corral (BONAMENTE 1986). El cónsul Cayo Fannio (161 a.C.) dictó una ley por la que prohibía "que no se sirva ningún volátil a excepción de una gallina sin cebar" (*ne quid volucre poneretur praeter unam gallinam, quae non esset alitis*: Plin., *NH* X 139). Esta disposición, añade el naturalista, transformada después en una cláusula, fue pasando a todas las leyes suntuarias (*quod deinde caput translatum per omnes leges ambulavit*), siendo recordada siempre como ejemplo de antigua frugalidad. También Tertuliano (*Apolog.*, 6) dice que dicha ley prohibía servir en la mesa más de un volátil: *nec amplius quam unam inferi gallinam et eam non saginatam*. Con anterioridad a la lex Fania (WEISS 1925) la *lex Orchia* (180 a.C.) limitaba ya el número de participantes.

G. Pucci señala que *holera* y *legumina* asumieron un valor marcadamente ideológico "definiendo un ideal alimentario que es también un ideal de vida" (PUCCI 1989, 375). En el momento en que la *luxuria* viene reconocida como un potencial factor de desestabilización social, el alimento que simbolizaba la simplicidad del pasado, viene indicado como un valor positivo al que permanecer fiel. Las leyes suntuarias trataron de privilegiar los alimentos de origen vegetal frente a los alimentos exóticos y, ante todo, las aves que no fueran de corral. Ya durante el consulado de Marco Emilio Escauro (115 a.c.) se prohibió que fueran consumidas en las cenas –entre otros productos exóticos– "aves traídas de otras partes del mundo" (...*glines, quos censoriae leges princepsque M. Scaurus in consulatu non alio modo cenis ademere ac conchylia aut ex alio orbe convestas aves*: Plin., *NH* VIII, 223). La *lex Aemilia sumptuaria* determinaba en su primer capítulo no la suma que se podía gastar en un banquete, sino *ciborum genus et modum* (Aulo Gelio, *NA* II, 24, 12), dirigiéndose, pues, particularmente, contra el consumo de aves raras o escogidas.

La ley Licinia, votada entre los años 107 y 102 a.c., recomendaba comer "todo aquello que hubiese nacido de la tierra, de las vides, de los árboles"; su fin era el de establecer fuertes restricciones al consumo de ciertos alimentos y a nuevas modas gastronómicas como las aves exóticas, que comenzaban a aflorar en las mesas de los ricos, prohibiendo incluso comer pollos grasos (Gel., *NA* XV, 8).

Motivos, desde luego, no debían de faltar. Se conserva un fragmento de una sátira de Lucilio que dice "y alrededor volaban becafigos, tordos preparados con arte y cocidos" (*et circum volitant ficedula turdi/ curati, cocti*: *Sat.*, 978 M). El poeta debía hacer referencia a finales del siglo II a.C. a un banquete en el que se servían estas aves en abundancia y se pasaban con rapidez. La expresión *curati cocti* pertenece al arte culinario y alude a la preparación y a la cocción. Muy poco tiempo después, el orador Favonio se indigna, hacia el año 97 a.c., de que en los banquetes refinados se sirva sólo la parte inferior de los volátiles, despreciándose, por ejemplo, las alas (Marcial, XV, 8, 2). No obstante, la ley, que fue eludida con facilidad, fue rápidamente derogada por el tribuno Duronius (Val.Max. II, 9, 5).

Dejando a un lado las razones de dicha legislación, la República Tardía intentó proponer el banquete de Catón como modelo ideal, centrado sobre todo en la conversación, dotado de un valor social y pedagógico y ejemplo de la *frugalitas* (Cfr. Cic., *Cato* 45). El fin del banquete no es la *voluptas*, sino la *delectatio* que nace de la *communitas uitae atque victus*. La disposición en la mesa de aves exóticas, traídas de lugares lejanos estaba, pues, fuera de todo lugar (NERI 1986, 239).

La época de César y Augusto volvió a proponer esta idea bajo nuevos presupuestos: no una áspera simplicidad de vida, al estilo de Catón, sino un ideal de lo "esencial", no privado de una mínima "raffinatezza", un equilibrio entre *diligentia* y *munditia*. Lo que Suetonio refiere de Augusto en este sentido (*Aug.*, 74-76) se adapta bastante bien a dicho ideal. Dice que el emperador ofrecía con frecuencia comidas "siempre completas" (*cena recta*, frente a la *sportula* un simple refrigerio en el que los invitados no se sentaban), seleccionando cuidadosamente, eso sí, a sus invitados en función de los estamentos (nunca invitó a comer a libertos). Las comidas que ofrecía constaban de tres platos, o de seis en las grandes solemnidades, pero sin invertir en ellas grandes sumas. Era parco en comer (*cibi minimi*) y gustaba de alimentos vulgares (*vulgaris fere*); esto excluía, pues, su apetencia de avas raras importadas de otros países o regiones del Imperio. De hecho el biógrafo no cita aves entre los alimentos por los que sentía mayor debilidad: pan, pescados pequeños, queso de leche de vaca e higos verdes.

También varios autores, como J. Haussleiter (HAUSSLEITER 1935), mencionan el gusto de Augusto por los dátiles (*phoinikobálanoi*). A una variedad particularmente bella y grande había dado el nombre de "Nicolás" en alusión al color o tinte rojizo del filósofo peripatético Nicolás de Damasco. La versión de Ateneo es ligeramente distinta: Augusto había dado a estos dátiles el nombre del filósofo simplemente porque Nicolás, que era su compañero (*hetairos*), se los ofrecía constantemente. ¿Será necesario recordar que el dátil y el ave fénix llevan en griego un mismo nombre (*phoinix*)? Por todo ello, algunos autores como Crahay y Hubeaux R. (CRAHAY- HUBAUX 1958, 296) se han preguntado incluso si Augusto practicó el vegetarianismo. En una carta a Tiberio (Suet., *Aug.* 76, 2), el emperador le manifiesta que ni tan siquiera los judíos observaban el ayuno como lo observaba él, lo que revela un cierto interés por las prescripciones y prohibiciones alimentarias de los cultos orientales. Pero, a mi juicio, esa actitud se explica más por su rechazo al lujo desmedido en la mesa que por su sometimiento a un régimen vegetariano.

Existe una anécdota poco conocida de Augusto que, a mi juicio, cobra sentido a la luz de este rechazo al consumo de alimentos refinados y en particular de aves exóticas:

> "Curcio, un caballero romano que banqueteaba en lo refinado en un banquete ofrecido por César Augusto, se puso en el plato un tordo magro; por eso preguntó si podía devolverlo. Y el emperador respondió: "¿Por qué no?" súbitamente lo devolvió... arrojándolo por la ventana".
>
> Curtius eques Romanus deliciis diffluens, cum macrum turdum sumpsisset in convivio Caesaris, interrogavit an mittere liceret. Responderat princeps: "Quidni liceat?"; ille per fenestram statim misit (Macrob. II, 4, 22).

La anécdota también ilustra la política augústea de abstenerse públicamente de bocados exquisitos, como los tordos. Se trata, a mi juicio, de una manifestación –en la mesa- de su política contra el lujo desmedido de su tiempo puesta de manifiesto, por ejemplo, en el año 15 a.c., cuando hizo destruir el suntuoso palacio sobre el Oppio que el rico caballero Vedio Polión le dejó en herencia para construir sobre él un paseo porticado dedicado a su esposa (la *Porticus Liviae*). Ovidio nos recuerda que el palacio fue demolido "porque su lujo era considerado perjudicial. El César no tuvo reparo alguno en arrasar un edificio de semejante grandeza y verse privado de tantas riquezas de las que era heredero" (*F.* VI, 642-648).

Otra interesantísima anécdota puede también completar la anterior. Eros, un liberto y procurador de Augusto de origen egipcio (BOULVERT 1974, 88; SZRAMKIEWICZ 1976, 221), es ejecutado por orden de Augusto por haber dado muerte y comido una codorniz invicta en las peleas:

> "Cuando le llegó la noticia de que Eros, el *procurator* de Egipto, compró una codorniz que había vencido a todas en la lucha y que era invicta, y que la había asado y se la había comido, [Augusto] lo hizo llamar y le incoó un proceso. Puesto que reconoció el hecho, ordenó clavarlo en el mástil de una nave" (Plut., *Mor.* 207B).

Desgraciadamente, ninguna otra fuente da noticia de aquel episodio y no son pocas las interrogantes que se plantean: ¿de qué fue acusado Eros durante el proceso? ¿por qué condenado a muerte? Tan sólo podemos tener presente algunas cosas. En primer lugar a) que, como hemos visto, unos años antes de Actium, Octavio participaba con Antonio en una pelea de codornices; b) que, como nos dice Plutarco, aquella pelea tuvo lugar en presencia de un egipcio; c) pocos años después de la muerte de Eros un zapatero será ejecutado por Tiberio por haber dado muerte a un cuervo que diariamente saludaba al emperador y la familia imperial. V.A. Sirago (SIRAGO 1958, 146), sin explicar en qué basa su afirmación, justifica la muerte de Eros porque la codorniz es un "animal sacré chez les Egyptiens". No parece, sin embargo, que sea así. Heródoto (II, 77, 5) dice escueta pero expresamente que las codornices formaban parte de la dieta de los egipcios y Diodoro señala que, bajo la dominación etíope –es decir ya tardíamente-, los egipcios cortaban cañas y fabricaban redes de gran longitud para levantarlas junto a la playa haciendo así "gran acopio de codornices" y que con su captura "reunían una cantidad suficiente para su sustento" (Diod. I, 60). P. F. Houlihan, en su excelente estudio sobre las aves en el Egipto faraónico (HOULIHAN 1988, 74-78), ofrece una relación de textos y escenas sobre el consumo de estas aves, por otra parte ausentes de la lista de especies de aves momificadas durante el periodo greco-romano, que son únicamente tres: el halcón (Horus), el ibis (Thot) y el buitre (Nekhbet). El episodio parece poner de manifiesto la *pietas* de Octavio hacia un animal que había luchado contra otros saliendo victorioso. ¿Podría guardar relación la victoria y la muerte en los juegos gladiatorios, tantas veces comparados por los antiguos con las peleas de aves?

OFELIO Y CACIO (HOR., SAT. II, 2): LA GALLINA Y EL PAVO

Según F. Citti (CITTI 1994), este ideal al que venimos refiriéndonos es también el de Ofelo, el protagonista de la *Sátira* II, 2 de Horacio compuesta quizá entre los años 33 y 30 a.C.. Se trata de un antiguo propietario a quien Horacio, siendo niño, había conocido cultivando sus tierras; cuando después de muchos años lo vuelve a visitar, lo encuentra despojado de sus bienes arrebatados por un veterano para quien trabaja como jornalero. Ofelo dice al poeta que el supremo placer no está en el olor de los manjares caros, sino en uno mismo, que debe buscar la comida sudando: "al hombre pingüe y descolorido por los excesos, ni las ostras ni el exótico gallo de monte le satisfarán". Pero vida sórdida y vida frugal son dos cosas diferentes: "pues en vano habrás criticado un defecto si vienes a caer en el otro. Debemos rehuir los dos modelos": el ideal será elegante de forma que no ofenda con sordideces y evitará el exceso de lo que toca al tenor de su vida. Las alusiones a las aves sirven para ilustrar este ideal que, como sostiene F. Citti, es el que se presenta en la sociedad augústea (CITTI 1994, 77). El modesto campesino hace, por ejemplo, una encendida defensa de la gallina frente al pavo:

> "Apenas podré conseguir de ti que, servido a tu mesa un pavo, no lo prefieras a la gallina para estimular tu paladar, seducido por las varias apariencias de las cosas, porque se vende a precio de oro, es un ave rara, y expande en su pintada cola un verdadero espectáculo, como si eso importara a nuestro propósito. ¿Acaso tú comes esas plumas que elogias? Una vez cocido el animal, ¿presenta la misma hermosura? Pero aunque su carne no tiene ninguna superioridad a la de la gallina, veo bien que, tú, fascinado por la diversidad del aspecto, prefieras el pavo a la gallina".

> *vix tamen eripiam, posito pavonem velis quin*
> *hoc potius quam gallina tergere palatum,*
> *corruptus vanis rerum, quia veneat auro*
> *rara avis et picta pandat spectacula cauda:*
> *tamquam ad rem attineat quidquam, num vesceris ista,*
> *quam laudas plumas? cocto nun adest honor idem?*
> *carne tamen quamvis distat nil, hac magis illam*
> *inparibus formis deceptum te petere esto...* (Sat. II, 2, 23 - 30).

Una de las ventajas de la vida frugal es la salud: la "comida simple" sienta de maravilla mientras que, por el contrario, una amplia variedad de alimentos perjudica al hombre como tambien la mezcla de alimentos cocidos y asados: al mezclar "conchas con tordos", los dulces gustos se convierten en bilis y la viscosa pituita removerá todo el estómago. La dieta de Ofelo es revelada por Horacio: durante los días de trabajo no comió otra cosa que hortalizas con pata de cerdo ahumada pero, si llegaba a su casa un huésped o dejaba de trabajar durante la estación de las lluvias e invitaba a un vecino, "había una buena comida, no con pescado traído de la ciudad, sino con pollo y con cabrito". Es elocuente el hecho de que se denuncien los huevos como sinónimo de pobreza en la mesa de los ricos: "No ha desaparecido del todo la pobreza de los festines de los ricos, pues aún hoy tienen su lugar en ellos los huevos vulgares y las olivas negras".

A Ofelo se opone Cacio en *Sat.* II, 4. Este epicúreo (Cic., *Fam.* 15, 16, 1), cuyas obras se leían aún en tiempos de Quintiliano (*Inst. Orat.* X, 11) (BEN FERHAT 2005)**,** ofrece a Horacio –aunque de forma escueta- algo así como el manual del perfecto gastrónomo (la *prima* y la *altera* mensa, los aperitivos, las reglas para un buen servicio). Las aves sirven también para ridiculizar los hábitos de vida del personaje y su excesivo grado de refinamiento en la mesa. De entrada Cacio dice al poeta: "Cual deba ser la naturaleza y la edad conveniente de los peces y de las aves (*piscibus atque avibus*) ningún paladar lo buscó ni lo averiguó antes que el mío" (*Sat.* II, 4, 44-45)**.** También le dice: "Recuérdate de servir a la mesa los huevos cuyo aspecto sea alargado, tienen un sabor mejor y es una clara más blanca que los redondos, su cáscara contiene una yema macho". Le descubre luego un remedio en caso de que alguna vez le sorprediese un huésped en casa: "...para que la gallina dura no ofrezca a su paladar una resistencia molesta, debes saber que hay que empaparla viva en Falerno templado con agua, esto lo pondrá tierna" (*ne gallina malum responset dura palato*: II, 4, 18-19). Por último: "El hombre sagaz que mezcla el vino de Sorrento con las heces del Falerno, recoge perfectamente las impurezas con huevos de paloma, porque la yema se precipita en el fondo, llevando consigo los cuerpos extraños".

En fin, los propios poetas se sitúan en alguna ocasión en ese punto intermedio que la ideología augústea exalta. Por una parte criticando la cena solitaria (*domi cenium*), opuesta al banquete y basada en una dieta excesivamente parca y vegetariana y por otra denunciando los excesos gastronómicos de los ricos y el exotismo de los productos servidos en sus mesas:

"y con más placer bajara a mi vientre
que el ave afra o francolín
jónico la oliva de la mejor rama
del árbol..."

*non Afra avis descendat in ventrem meum,
non attagen Ionicus
 iucundior, quam lecta de pinguissimis
oliva ramis arborum...* (Hor., *epod.* II, 53-56)

En este sentido otro personaje, aún más refinado que Cacio y proclive a hacer ostentación de su mesa, es Nasidieno. Puede tratarse, según algunos autores, de un nombre fingido pero los escoliastas lo identifican con el caballero Nasidieno Rufo. A la comida por él organizada asisten políticos de la talla de Mecenas o Vario. Se nos dice (*Sat.* II, 8 passim) que fueron servidas "aves, ostras, pescado, que presentaban un gusto muy diverso del conocido", "filetes de rombo y de pájaro que yo [Fundanio, el amigo de Horacio presente en el banquete] no había gustado", vuelve a decirse unos versos después. En un nuevo servicio "aparecieron unos sirvientes conduciendo en una fuente inmensa los miembros ya divididos de una grulla macho esparcidos de mucha sal y un poco de harina" y "el hígado de un ánsar blanco hembra cebado con higos". Fueron servidos igualmente "mirlos con su pechuga tostada y pichones sin las ancas".

Puesto que estos personajes pertenecen a la poesía satírica de Horacio, quizá sea oportuno advertir que, sin embargo, en poco se apartan de la realidad. Clodio Esopo, un célebre actor trágico de época de Cicerón, conocido por su lujo y extravagancias, presentó un plato valorado en 100.000 sestercios, en el cual puso pájaros que cantaban o que imitaban el lenguaje humano (*in qua posuit aves cantu aliquo aut humano sermone vocales:* Plin., *NH* X 141-142) cuyo precio era de 6000 sestercios cada uno. Su propósito, según Plinio, era comer criaturas que hablaban el lenguaje humano (*ut in iis imitationem hominem manderet*), añadiendo, por último, que este hombre fue digno del hijo, M. Clodio Esopo, que comía perlas. Sin embargo, Valerio Máximo, más próximo cronológicamente a ambos personajes, hace al hijo, contemporáneo de Augusto, protagonista de los dos episodios:

"Se dice de él que compraba a un precio abusivo avecillas prodigiosas por su canto y las ponía como si fuesen papafigos; y que solía añadir a las bebidas perlas de gran valor bañadas en vinagre..." (IX, 1, 2).

Lo importante es que este tipo de banquetes a base de aves exóticas o raras acabó imponiendo lo que hoy llamaríamos una "moda" gastronómica. Sabemos que las aves que pasan la vida en el aire, como los vencejos, las marinas o el mergo, tienen la carne demasiado tendenosa y no es buena para comer y de ahí que Horacio escriba: "Luego, si algún otro viene proclamando excelentes los mergos asados, le seguirá la juventud romana tan dócil a los malos ejemplos" (*Sat.* II, 23ss.).

Estos suntuosos banquetes fueron, pues, los que acabaron imponiéndose sobre el temor religioso, sobre la prohibición de matar y comer las aves, primero las de Italia, luego las llegadas de las provincias. Recientemente, D. Ruscillo sostiene que Augusto llevó a cabo un control público de la *gluttony* dictando severas leyes contra los menús extravagantes, destinadas a proteger la salud y la moral de los ciudadanos (RUSCILLO 2001). Pero ni de estas leyes -que el autor no cita- ni del control de la policía en los mercados para asegurar la venta de productos modestos creo que exista constancia alguna.

Debemos preguntarnos, sin embargo, si todas las aves pasaron a ser consumidas en las ricas mesas de la aristocracia augústea o hubo alguna excepción. En otros términos ¿las aves augurales se vieron también sometidas a las modas gastronómicas? A diferencia de los griegos, los romanos observaban un reducido número de aves augurales (*omnibus fere avibus utuntur, nos admodum paucis*: Cic., *de div.* II, 36) tradicionalmente divididas en dos categorías, *alites* y *oscines*. Para las primeras es signo distintivo el vuelo (o, al decir de Plinio, el tamaño), para las segundas, el canto (...*Nunc de secundo genere dicamus, quod in duas dividitur species, oscines et alites. Illarum generi cantus oris, his magnitudo differentian dedit*: Plin., *NH* X, 43)

Pero sólo dos podían dar auspicios mediante el vuelo y el graznido: la *parra* y el *picus* (*etim oscinibus et in alitibus habentur* dice Fest. 214L). El canon de las aves augurales, a partir de los datos que ofrecen Festo (*s.v. oscines*), Paulo (*s.v. alites*) y Servio (*ad Aen.* I, 394) es el siguiente:

1) Alites et oscines: *Picus Martius, Picus Feronius, Parra*;

2) Alites: *Aquila, Vultur, Inmusulus, Sanqualis, Buteo*;

3) Oscines: *Corvus, Cornix (o Cornisca), Noctua*;

4) Dirae: *Milvus, Spinturnix, Subis, Incendiaria avis, Clivia avis*.

Ninguna de ellas es mencionada en la mesa. Artemidoro (*Onir*. I, 8, 26) dice explícitamente que en Italia una antigua costumbre prohibía matar buitres y quien lo hacía era considerado impío pero advirtamos que dicho canon es, en cualquier caso, muy limitado y con una notable presencia de pájaros carroñeros.

REACCIÓN FILOSÓFICA AL CONSUMO DE AVES

Una de las pocas oposiciones a esta costumbre vino de quienes seguían una práctica vegetariana, lo que se consideraba propio de una Edad de Oro (Cfr. Ov., *Met*. XV, 96-98 (Pitágoras); Sen., *epist*. 73, 15; 95, 15; 108, 19). Los pitagóricos tenían algunas máximas relativas en particular a las aves: a) "No hay que recibir golondrinas en la casa" (Plut., *Quaest.conv*.8, 7, 1); b) "No críes en casa un ave rapaz" (id). Para los epicúreos, hombres y animales eran de la misma naturaleza; unos y otros estaban compuestos de átomos, elementos de la materia que resultan de la descomposición de un cuerpo cualquiera; ningún cuerpo –dice Lucrecio (*RN* I, 261-262)-, se ha creado sin la muerte de otro. Las aves en tanto que seres vivos pueden morir pero no así los átomos de la materia de que se componen. Sin nadie que los dirija, los átomos se recomponen bajo una forma humana, animal o vegetal. De esta forma se perpetúa el ciclo de la naturaleza y por esa razón, Lucrecio describe bajo rasgos antropomórficos a los animales.

Pero quizá los filósofos que en mayor medida se opusieron a la captura de aves y sobre todo a su consumo fueron los pitagóricos. El pitagorismo, desarrollado sobre todo en el sur de Italia, es necesariamente vegetariano no sólo por el hecho de que todos los seres vivos son de la misma condición sino, sobre todo, por la creencia en la metempsicosis o reencarnación tras la muerte en un ser de forma humana, vegetal o animal. Al prohibir pues todo consumo de carne (Diog.Laer. VIII, 34), reprochaban a Crisipo haber escrito en los libros *Sobre la justicia*, con respecto a los gallos, que "con un fin útil han nacido ya que nos despiertan, rechazan los escorpiones y en los combates atraen la atención, aportando un cierto ardor a la lucha; pero, sin embargo, conviene comérselos, no sea que exceda a la utilidad la multitud de polluelos" (fr. 705 =Plut., *De Stoic.repugn.*, 32)

Dicha corriente ejerció, además, una notable influencia sobre los poetas de la literatura augústea. Ovidio, por ejemplo, escribe: "No puedes sin destruir otro ser apaciguar los apetitos desenfrenados de tu estómago voraz" (*Met.* XV, 94-95). El autor del *Panegírico de Messala* plantea el problema de la metempsicosis de la siguiente forma: "Una lengua viva me ha sido reservada después de la metamorfosis que habré sufrido o un caballo destinado a correr sobre el duro suelo las llanuras, o un toro, honor de un ganado pesado o un pájaro que sus alas llevan a través del espacio del vacio de los aires" (vv: 77-81)

Ovidio, que divulga en sus *Metamorfosis* la doctrina pitagórica, pone en boca de Pitágoras las siguientes palabras:

"¡Qué perversos hábitos practica y cuán impíamente se prepara para un festín de sangre humana el que corta con el hierro la garganta de un ternero… o el que es capaz… de alimentarse con un ave a la que él mismo ha dado de comer (*aut alite uesci, cui dedit ipse cibos!*)… Quitad las redes, los cepos, los lazos y las trampas ingeniosas. No engañéis al pájaro con la vara embadurnada de muérdago ni sorprendáis con las plumas que los espantan ni ocultéis con traicioneros cebos los ganchudos anzuelos (*retia cum pedicis laqueosque artesque dolosas / tollite, nec volucrem uiscata fallite virga, / nec formidatis cervos illudite pennis, / nec celate cibis uncos fallacibus hamos*); destruid lo que hace daño, pero incluso esto destruidlo y nada más: que vuestras bocas estén libres de esa pitanza y muerdan alimentos mansos" (*Met.* XV, 474-479).

Para Ovidio que, como se ha dicho, hace suyas las ideas pitagóricas, matar a un animal constituye un comportamiento impropio del hombre y abre la vía al crimen: la violencia contra los animales y, en particular contra las aves, conduce a la violencia contra el hombre calificando, además, dicha práctica de "muerte impía" (id., XV, 127: *caedes tale nefas*).

En la Roma de finales de la República, los pitagóricos – y también algunos estoicos-, tenían prohibido entre ellos comer carne de animales obligándose a consumir sólo alimentos que no necesitaban fuego. La razón no era otra que la creencia en la inmortalidad de las almas: el animal muerto podía ser la reencarnación del alma, especialmente tratándose de un ave:

> "Es más, una vez que el túmulo haya cubierto mis huesos... sin embargo, metamorfoseada mi figura, sea que me transforme en caballo, en galopar los pelados campos diestro, o sea toro, galardón de la lenta manada, o ya pájaro a través del puro cielo me desplazara con mis alas (*sive ego per liquidum volucris vehar aera pennis*), no importa en qué momento un largo devenir me recupere como ser humano..." (Tibulo VII=IV, 1, 204-210).

Antes de la época augústea los estoicos presentaron de manera diferente las relaciones entre hombres y animales. Consideraban, en primer lugar que la *ratio* estaba reservada al hombre, mientras que los animales sólo tenían instinto o *natura*. Cicerón, por ejemplo, consideraba que los animales y, sobre todo los domésticos, carecían de razón, ignoraban la razón y la ley moral. Pero los estoicos reconocían en los animales, y desde luego en las aves, ciertas facultades de las que el hombre carecía. Una de ellas es el instinto y, en particular, el instinto de conservación ante los peligros. Algunos decenios después de la muerte de Augusto, escribía Séneca:

> "Así pues, como dije en las cartas anteriores, los animales más tiernos, recién nacidos de la matriz o del huevo, conocen inmediatamente lo que les es pernicioso y evitan lo que les es mortal; las especies perseguidas por las aves de rapiña tienen miedo hasta de la sombra de sus enemigos que van de vuelo. Ningún animal llega a la vida sin temor de la muerte. ¿Cómo es posible, que el animal acabado de nacer tenga idea de las cosas saludables y de las mortíferas? Lo primero que debemos

preguntarnos es si tienen esta idea; luego cómo la tienen. Y que la tienen lo da a entender el hecho de que no harían nada más de lo que hacen. Por qué razón la gallina no huye del pavón ni del ganso y huye del milano, que es más pequeño y no vio jamás? ¿por qué los polluelos temen al gato y no al perro?" (Sen., *epist.* 19, 121, 19-20)

Guiados de un providencialismo, los estoicos justificaban así que las aves, como otros animales, estuvieran al servicio del hombre y, en cierta forma, que muchas de ellas sirvieran para cubrir las necesidades humanas. La influencia estoica pudo haber sido, pues, otro factor influyente en ese cambio de actitud o de mentalidad al que me he referido.

BIBLIOGRAFÍA

Se relacionan a continuación títulos, citados o no, que guardan relación con el tema. La contribución es una reelaboración del cap. 6 de mi libro Augusto y las aves *Las aves en la Roma del Principado: prodigio, exhibición y consumo*, Barcelona, Publicacions i edicions de la Universitat de Barcelona, 2006.

ANDRÉ, J.M. (1967) *Les noms d'oiseaux en latin*, Paris.

ARNOTT, W.G. (1967) Martins and Swallows, *G&R* 14, 1, 52-59.

- (1977) Swan Songs, *G&R* 24, 2, 149-153.

BALETTI, C. (1998) Il cigno, il canto e la profezia tra la Grecia e Roma, *Rend.Ist. Lombardo* 132, 175-202.

BEARE, R. (2000) What did Virgil´s swallows eat?, *CQ* 50, 2, 618-620

BECHER, I. (1967) Der heilige Ibisvogel der Ägypter in der Antike, *Acta Antiqua Academiae Scientiarum Hungaricae* 15, 377-385.

BEN FERHAT, Y. (2005) *Cives Epicurei*. Les épicuriens et l´idée de monarchie à Rome et en Italie de Sylla à Octave (Coll. Latomus 292), Bruxelles.

BODE, M. (1999) *Apicius. Ammerkurgen zum römischen Kochbuch. Das Kochbuch des Apicius als Quelle zur Wirtschafts- und Sozialgeschichte*, St. Katharinen.

BODSON, L. (1975) *HIERA ZOIA. Contribution à l'étude de la place de l'animal dans la religion grècque ancienne*, Bruxelles.

-(1977) *L'animal de compagnie: ses rôles et leurs motivations au regard de l' histoire*, Liege.

-(1983) Attitudes towards animals in Graeco-Roman Antiquity, *International Journal for the Study of Animal Problems* 4, 312-320

-(1994) L´animale nella morale collettiva e individuale dell´antichità greco-romana, en *Filosofi e animali nel mondo antico*, Pisa, 59ss.

-(1998) (ed..), *Les animaux exotiques dans les relations internationales: espèces, fonctions, significations* (Journée d´étude, Université de Liège 22 mars 1997), Liège.

BONAMENTE, M. (1983) Leggi suntuarie e loro motivazioni, en *Tra Grecia e Roma: temi antichi e motodologie moderne*, Roma, 67-91.

CAPPONI, F. (1979) *Ornithologia latina*, Genova.

CASTIGLIONE, S. y LANATA, G. (1994) (a cura di), *Filosofi e animali nel mondo antico*, Pisa.

CITTI, F. (1994) Orazio, *L´invito a Torquato (Epist. 1, 5)*. Introd., testo, trad. e commento, Bari.

CRAHAY-J. HUBAUX, R. (1958) Sous la masque de Pythagore. A propos du livre 15 des Métamorphoses, en *Ovidiana. Recherches sur Ovide*, Paris, 296-315.

CRESCI MARRONE, G. (1993) *Ecumene Augustea. Una politica per il consenso*, Roma.

CUMONT, F. (1942) Le coq blanc des Mazdèens et les Pythagoriciens, *CRAI*, 284-300.

DESCHAMPS, L. (1987) La salle a manger de Varron à Casinum ou Dis-moi où tu manges, je te dirai qui tu es, *BSTEC* 191-192, 63-93.

DUMONT, J. (1988) Les combats de coq furent-ils un sport?, *Pallas* 34, 33-44.

FUCHS, G. (1962) Varros Vogelhaus bei Casinum, *MDAI(R)* 69, 96-105.

GOGUEY, D. (2003) *Les animaux dans la mentalité romaine* (Collection Latomus, 271), Bruxelles.

GRUEN, E. (1996) 'The expansion of the empire under Augustus', en A. K. BOWMAN, E. CHAMPLIN, A. LINTOTt (edd.), *Cambridge Ancient History* 10, Cambridge, 169-190.

HARBINSON, M.J. (1986) Virgil´s White Bird, *CQ* 36, 1, 276-278.

HARDIE, P.R. (1987) Aeneas and the Omen of the Swans (Verg. *Aen.* 1, 393-400), *Classical Philology* 82, 2, 145-150.

HAUSSLEITER, J. (1935) *Der Vegetarismus in der Antike* (RVV, 24), Berlin.

D´HÉROUVILLE, P. (1928) Les oiseaux de Virgile, *REL* 6, 46-70.

HOULIHAN, P.F. (1988) *The Birds of Ancient Egypt*, Cairo, 74-78.

JACOBSON, H. (1995) Horace´s Voladictory: *Carm.* 2, 20, *CQ* 45, 2, 573-574.

JENNISON, G. (1937) *Animals for Show and Pleasure in Ancient Rome*, Manchester.

KAUFHOLD, S.D. (1997) Ovid´s Tereus: Fire, Birds, and the Reification of Figurative Language, *Classical Philology* 92, 1, 66-71.

KELLER, O. (1887) *Thiere des klassischen Altertums in kulturgeschichtlicher Beziehung*, Innsbruck.

-(1893) *Raben und Krähen im Altertum*, Prague.

-(1909-1913) *Die antike Tierwelt*, Leipzig (=Hildesheim, 1963)

KELLUM, B.A. (1994) The Construction of Landscape in Augustan Rome: the Garden Room at the Villa *ad Gallinas*, *Art Bulletin* 76, 211-224.

LA ROCCA, E. (1986) Il lusso come espressione di potere. Significato e valore economico degli horti, en M. CIMA-E. LA ROCCA (ed.), *Le tranquille dimore degli dei. La residenza imperiale degli horti Lamiani*, Vicenza, 3-36.

LINDERSKI, J. (1986) The Augural Law, en *ANRW* II, 16.3, 2146-2312.

LONGO, O. (1999) (a cura di), *Volatilia. Animali dell'aria nella storia della scienza da Aristotele ai giorni nostri*, Napoli.

MAGALDI, E. (1929) I *ludi gallinarii* a Pompei, *Historia* 3, 471-485.

MANODORI SAGREDO, C.C. (2004) Cibi e banchetti nell'antica Roma, Roma.

MARCOVICH, M. (1976) Pythagoras as a Cock, *AJPhil* 97, 4, 331-335.

MARTIN, E.W. (1914) *The Birds of the Latin Poets*, Stanford.

MONTERO, S. (2004) El consumo de aves en la Roma de Augusto: *luxus* y *nefas*, en D. SEGARRA CRESPO (coord.), *Connotaciones sacrales de la alimentación en el mundo* clásico (*'Ilu*. Anejo XII), Madrid, 2004, 47-60.

-(2006) *Augusto y las aves. Las aves en la Roma del Principado: prodigio, exhibición y consumo*, Barcelona, Publicacions i edicions de la Universitat de Barcelona, 336 pp.

NERI, V. (1986) L'alimentazione povera nell'Italia romana, en *L'alimentazione nell'Antichità*. atti del convegno dell' Archeoclub di Parma 2-3 maggio 1985, Parma, 237-263.

POLLARD, J. (1977) *Birds in Greek Life and Myth*, London.

PRINA RICOTTI, E.S. (1998) Alimentazione, cibi, tavola e cucine nell'età imperiale, en P. SCARPI (a cura di), *Tra maghe, santi e maiali: l'avventura del porco nelle lettere e nei colori*, Milano, 77-99.

PUCCI, G. (1989) *I consumi alimentari*, en G. EINAUDI (ed.), *Storia di Roma, vol.IV. Caratteri e morfologie*, Torino, 375 aunque no cita, sin embargo, las aves.

RICHARDSON, T.W. (1980) The Sacred Geese of Priapus? (*Satyricon* 136, 4 f.), *MusHelv* 37, 98-103

RINK, A. *Mensch und Vogel bei römischen Naturschriftstellern und Dichtern. Untersucht*

-(1997) *insbesondere bei Plinius, Älian und Ovid*, Frankfurt-Berlin.

RODDAZ, J.M. (2002) Auguste et les confins, en *L´Africa Romana XV (Tozeur 2002)*, I, Roma, 261-276.

ROMER, F.E. (1983) When is a Bird Not a Bird?, *TAPhA* 113, 135-142.

RONNICK, M.V. (1993) *Stellio non lacerta et bubo non strix*: Ovid Metamorphoses 5.446-61 and 5.534-50, *AJPh* 114.3, 419-420.

RUSCILLO, D. (2004) When gluttony ruled! Bones recovered from a Roman villa attest an age of culinary hedonism, *Archaeology* 54, 6, 2001, 20-25. Cfr. en general: A. ERVYNCK (et al.), Beyond affluence: the zooarchaeology of luxury, *World Archaeology* 34, 3, 2003, 428-441; J.H. D´ARMS, The Culinary Reality of Upper-Class Convivia: Integrating Texts and Images, *Comparative Studies in Society and History* 46, 3, 428-450.

SAUVAGE, A. (1975) *Étude de thèmes animaliers dans la poésie latine. Le cheval, les oiseaux* (coll. Latomus 143), Bruxelles.

SETTIS, S. (2005) Le pareti ingannevoli. La villa di Livia e la pittura di giardino, Milano.

SIRAGO, V.A. (1958) *L´Italia agraria sotto Traiano*, Louvain, 146.

SPEYER, W. (1986) Das Verhältnis des Augustus zur Religion, en *ANRW* II, 16.3, 1777-1805.

STEWART, D.J. (1967) The Poet as a Bird in Aristophanes and Horace, *CJ* 62, 357-361.

TAMMISTO, A. (1997) *Birds in mosaics. A study on the representation of birds in Hellenistic and Romano-Campanian Aessellated mosaics to the early Augustean age* (Acta Instituti Romani Finlandiae 18), Roma.

THÉVENAZ, O. (2002) Le cigne de Venouse. Horace et la métamorphose de l'*Ode* II, 20, *Latomus* 61, 4, 861-888.

THOMPSON, D'A.W. (1937) *A Glossary of Greek Birds*, Oxford (=Hildesheim 1966).

TOYNBEE, J.M.C, (1973)*Animals in Roman Life and Art* (Aspects of Greek and Roman Life), London.

VAN BUREN, A.W. y KENNEDY, R.M. (1929) Varro's Aviary at Cassinum, *JRS*, 59-66.

VISSER, M. (1993) *The Ritual of Dining*, London.

WEISS, E. (1925) *s.v.Lex Fania*, *RE* XII, 2, coll. 2353.

WISSOWA, G. (1986) *s.v. Augures*, *RE* 2, coll. 2313-2344.

ZANKER, P. (1987) *Augusto y el poder de las imágenes*, Madrid.

WWW.SABORESDEROMA.ES